第2版

法人税申告書の『つながり』がよくわかる本

税理士 小谷羊太 著

清文社

はじめに

『法人税は難しい』ということをよく耳にします。

法人税について誰もが難しく感じてしまうひとつは、「法人税のすべてを知ろうとする」ところにあります。すべてを知ろうとするために、その情報量が多すぎて、途中から何が何だかわからなくなってしまいます。

私自身も、法人税の勉強を始めた頃は、ボリュームの多さと各規定の細かさに圧倒され、独りで苦しんでいたように思います。

しかし、「それが『法人税』という税法の体系にどのように関わっているのか」、また「どのようにつながっているのか」という、各項目の『つながり』を意識するようにすると、『法人税は難しくない』という印象に変わりました。

法人税はそのすべてがつながっているからです。

「法人税の『本質』を理解する」とは、「法人税の『つながり』を理解する」ということです。

つまり、法律に定められた規定やその内容を理解することも大切ですが、それらを実務で活かすためには、別表どうしのつながりや各項目ごとのつながりだけでなく、時間的なつながりをも含めた全体像がしっかりと理解できているかということが重要となります。

本書では法人税の項目は、実務で必要な基本的なものを厳選し、経理方法の違いによる申告書との関わり方や各所への影響、法人税の別表どうしのつながり、当期と翌期のつながりなどを特に意識して説明しています。

　なお、Youtubeサイトにて、本書の解説をする試みをしていますので、興味があれば、ぜひ併せて視聴してみてください。

　本書が我が国の納税義務の適正な実現を図る指針になればと願います。

令和4年12月

税理士　小谷羊太

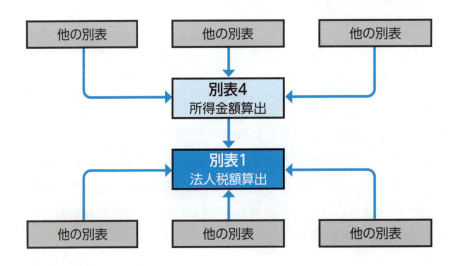

目次 CONTENTS

序章

法人税**別表**についての**基礎知識** ········· 1

第1章

費用についての**処理**

1. 当期確定申告分の法人税、地方法人税、住民税と別表のつながり ······ 24
2. 納税充当金（未払法人税等）を計上した場合 ········· 31
3. 租税公課を納付する時の経理方法の違い ········· 36
4. 損金不算入になる租税公課 ········· 51
5. 預金利息にかかる源泉所得税の取扱い ········· 72
6. 税金が還付されるときのつながり ········· 82
7. 交際費がある場合の別表 ········· 97

・参考　（グループ法人税制と中小法人の特例について・本書で扱う法人の区分け）········· 105

第2章

資産についての**処理**

1. 固定資産の取得価額 ········· 108
2. 減価償却資産を事業供用している場合 ········· 114
3. 少額な減価償却資産の経理処理 ········· 126
4. 繰延資産の償却額の計算 ········· 141
5. 外貨建資産等の処理 ········· 149
6. 仮想通貨（暗号資産）の処理 ········· 151

目次 CONTENTS

第3章

債権についての処理

1 貸倒損失の経理処理と別表のつながり ……………………… 160
2 個別貸倒引当金の経理処理 ……………………………………… 170
3 一括貸倒引当金の経理処理 ……………………………………… 179

第4章

赤字についての処理

1 欠損金の繰越控除、繰戻し還付　―欠損事業年度の処理 …………… 206
2 欠損金の繰越控除、繰戻し還付の書き方　―その後の事業年度の処理 …… 216
参考資料　減価償却資産の耐用年数等に関する省令・別表第七～別表十(抜粋)
　　　　　「減価償却資産の償却率、改定償却率及び保証率の表」……………… 224

※本書の内容は、令和4年11月30日現在の法令等によっています。
※本書ではポイントとなる箇所を明確にするため、申告書(別表)には解説内容に関わる箇所を中心に数値等を掲載しており、それ以外の箇所については掲載を省略しています。

装丁・デザイン堀口剛志(アキ)

序章

法人税別表についての基礎知識

必要な別表のみを提出する

　法人税申告書は、別表1から別表19まで、さまざまなものがあります。そのうち、普通法人が一般的に使用する別表は、別表1から別表16です。

　しかし、税務署へ提出する法人税申告書は、上記のすべての別表ではなく、その事業年度の法人税の算出にあたって必要となった別表のみを記載して提出します。

■ 法人税の別表と使用頻度一覧（抜粋）

★★★★★…すべての法人で提出する別表

★★★★☆…ほとんどの法人で提出する別表

★★★☆☆…使われる頻度の高い別表

★★☆☆☆…たまに使う別表

★☆☆☆☆…ほとんど使わない別表

別表1	各事業年度の所得に係る申告書	★★★★★
	別表1は、住所や名称、資本金の額などの会社の基本情報や法人税額の計算をする別表です。すべての法人が必要事項を記載して提出する別表となります。この申告書は、確定申告だけでなく、仮決算による中間申告や修正申告をする際にも使用します。	
別表2	同族会社等の判定に関する明細書	★★★★★
	法人税の計算をするうえで前提となる会社の種類を判定するための別表です。この別表を使って特定同族会社、同族会社、非同族会社の判定をします。別表2はすべての法人が必要事項を記載して提出する明細書となります。	
別表3(1)	特定同族会社の留保金額に対する税額の計算に関する明細書	★☆☆☆☆
	特定同族会社で期末資本金が1億円を超える法人は、留保金課税という追加課税の対象法人となります。この規定の適用を受ける会社は、その追加課税の計算の明細をこの別表を使って計算します。現在、中小企業者には適用がありませんので中小企業者には必要のない別表になります。	

別表4	所得の金額の計算に関する明細書 ★★★★★	
	税務上のもうけ(所得)を計算するための別表です。この別表で所得金額を集計し、次に別表1において法人税額の計算をします。すべての法人が必要事項を記載して提出する明細書となります。	
別表5(1)	利益積立金額及び資本金等の額の計算に関する明細書 ★★★★★	
	・「利益積立金額の計算に関する明細書」 　会社を設立してから今までに獲得した利益のうち、会社内部に留保した利益を集計するための別表です。会社が計上した資産や負債と税務上認識されるべき資産や負債に差異がある場合に、その差異を計上することにより税務上の資産や負債の金額を把握することができます。 ・「資本金等の額の計算に関する明細書」 　「資本金」と「純資産(総資産から総負債を控除した金額)から利益積立金額と資本金を控除した金額」の計算に関する明細書です。法人が損益取引を行なった場合には、上記の「利益積立金額の計算」に影響を与えますが、減資や増資をした場合など、「資本等取引」に該当する取引(損益取引以外の取引)をした場合にはその増減額を記載します。 　別表5(1)は、すべての法人が提出する明細書となります。	
別表5(2)	租税公課の納付状況等に関する明細書 ★★★★★	
	当期の租税公課の納税義務の発生から、納付したことにより納税義務が消滅する状況と会社が租税公課を支払ったときの経理処理などを記載する別表です。別表5(2)は、すべての法人が提出する明細書となります。	
別表6(1)	所得税額の控除に関する明細書 ★★★☆☆	
	預金利息や株式配当、また剰余金の分配などを受けたことにより配当金を受け取ったとみなされた場合には、その利息や配当を受け取る前にあらかじめ所得税法の規定による源泉所得税が徴収されます。別表6(1)は、所得税額控除の適用を受けるための別表です。	

別表6（2）	内国法人の外国税額の控除に関する明細書	★★☆☆☆
	外貨預金の利息や外国での所得については、それぞれの国において外国税が課税されています。別表6（2）は、外国税額控除の適用を受けるための明細書です。	
別表6（9）〜（14）	試験研究費の総額に係る法人税額の特別控除に関する明細書　など	★☆☆☆☆
	一定の試験研究を行なった企業に対して、その特例措置として法人税額を控除する減免制度があります。この税額控除制度の適用を受ける場合には、これらの別表により控除を受ける金額を計算しなければなりません。試験研究を行わない法人には必要のない別表です。	
別表6（18）	中小企業者等が機械等を取得した場合の法人税額の特別控除に関する明細書	★★★☆☆
	中小企業者が一定額以上の機械装置や器具備品などを取得して事業供用した場合には、その特例措置として法人税額を控除する減免制度があります。この税額控除制度の適用を受ける場合には、この別表により控除を受ける金額を計算しなければなりません。この税額控除制度は法人税の納税額がある事業年度に該当資産の取得をしている場合には積極的に適用を受けたい制度になります。	
別表7（1）	欠損金又は災害損失金の損金算入に関する明細書	★★★★☆
	赤字となった事業年度の欠損金額は、一定の要件のもとに翌事業年度以後10年間の所得金額と通算することができます。その繰越控除に関する手続きをするための明細書がこの別表となります。この別表は比較的提出頻度が高い別表となります。	
別表8（1）	受取配当等の益金不算入に関する明細書	★★☆☆☆
	株式の配当や投資信託の収益分配金などを受け取った場合には、会社の経理では収益として計上されます。しかし、一定の要件のもとにその計上額を益金不算入とすることができます。有価証券などを有する法人が必要となる別表ですので、提出頻度は比較的低いものとなります。	

別表11 (1)	個別評価金銭債権に係る貸倒引当金の損金算入に関する明細書	★☆☆☆☆
	会社更生法等の適用を受ける会社に対する債権については、将来の貸倒れの危険性が非常に高い状態であるといえます。そのような会社に対する債権を中小法人が有している場合には、個別に貸倒引当金の見積計上ができるようになります。	
別表11 (1の2)	一括評価金銭債権に係る貸倒引当金の損金算入に関する明細書	★★★☆☆
	中小法人が期末時点で有する金銭債権については、将来の貸倒れによる損失に備えるための引当金(貸倒引当金)の計上が認められています。その貸倒引当金の損金算入額などを計算するための明細書です。	
別表13 (1)	国庫補助金等、工事負担金及び賦課金で取得した固定資産等の圧縮額等の損金算入に関する明細書	★☆☆☆☆
	国庫補助金や助成金などを受け取り、それらの補助金等の交付目的に適合した固定資産の取得をした場合には、圧縮記帳の適用を受けることができます。	
別表13 (2)	保険金等で取得した固定資産等の圧縮額等の損金算入に関する明細書	★☆☆☆☆
	保険事故などが発生した場合、その滅失資産に掛けていた保険金が損害額を上回る場合に、その保険金収入の収益計上額に対して一定額の損金算入が認められるという制度があります。滅失資産に代替する資産を取得した場合などには、その代替資産について圧縮記帳をすることができます。保険事故による保険金は、火災などで事務所が焼失したような場合だけではなく、自動車保険や損害賠償金などにも適用があります。	

別表13 (5)	特定の資産の買換えにより取得した資産の圧縮額等の損金算入に関する明細書	★☆☆☆☆
	土地や建物などを譲渡し、違う場所に代替資産を購入した場合で、その譲渡した土地や買い換えた場所が一定の区域であるなど、特定の要件にあてはまる資産の買換えについては、圧縮記帳などの損金算入が認められます。	
別表14 (2)	寄附金の損金算入に関する明細書	★☆☆☆☆
	法人が支出する寄附金は、その相手先により損金として認められないものがあります。しかし、会社の規模や所得金額などに応じ一定額までは損金算入が認められます。	
別表14 (6)	完全支配関係がある法人の間の取引の損益の調整に関する明細書	★☆☆☆☆
	グループ法人税制の適用を受ける内国法人相互間で、譲渡直前帳簿価額が1,000万円以上である一定の資産(譲渡損益調整資産)を譲渡した場合には、譲渡法人側において生じた譲渡損益は、翌期以降に繰り延べなければなりません。この別表はこれらの譲渡損益の繰り延べや戻し入れのための計算に関する明細書です。	
別表15	交際費等の損金算入に関する明細書	★★★★☆
	法人が支出する交際費のうち接待飲食費の50％を超える部分については損金となりません。しかし、中小法人については、その支出額が年800万円に達するまでの金額の損金算入が認められています。法人が交際費を支出した場合には、この別表により損金不算入額を計算する必要があります。	
別表16 (1)	旧定額法又は定額法による減価償却資産の償却額の計算に関する明細書	★★☆☆☆
	減価償却資産の償却費の計算に関する明細書です。この別表は、「定額法」を採用する資産についての計算書となります。通常は建物や建物附属設備がその対象資産となりますので、それらの資産を所有している法人が必要となる別表です。	

別表16 (2)	旧定率法又は定率法による減価償却資産の償却額の計算に関する明細書		★★★★☆
	減価償却資産の償却費の計算に関する明細書です。この別表は、「定率法」を採用する資産についての計算書となります。器具備品や車両運搬具などの減価償却資産は、通常定率法で償却をしますので、ほとんどの会社がこの別表を提出します。		
別表16 (3)	旧生産高比例法又は生産高比例法による鉱業用減価償却資産の償却額の計算に関する明細書		★☆☆☆☆
	減価償却資産の償却費の計算に関する明細書です。この別表は、「生産高比例法」を採用する資産についての計算書となります。		
別表16 (4)	旧国外リース期間定額法若しくは旧リース期間定額法又はリース期間定額法による償却額の計算に関する明細書		★★☆☆☆
	減価償却資産の償却費の計算に関する明細書です。この別表は、「リース期間定額法」を採用するリース資産についての計算書となります。		
別表16 (6)	繰延資産の償却額の計算に関する明細書		★★☆☆☆
	創立費や借家権利金などのように、その支出の効果が翌期以降に及ぶもので一定のものは繰延資産としていったん資産計上し、その後、減価償却のような償却計算を行ないます。		
別表16 (7)	少額減価償却資産の取得価額の損金算入の特例に関する明細書		★★★★☆
	青色申告書を提出する中小企業者は、取得価額が30万円未満の資産について、その全額を損金経理することができるという租税特別措置法上の特例があります。この別表はそのような資産についてその特例を選択した場合の明細を記載するための明細書となります。なお、この特例の適用を受けることができる資産は合計で年300万円までとされています。また、法人税法上の「取得価額が10万円未満の資産についての少額の減価償却資産の取得価額の損金算入」の規定の適用を受ける資産については、この別表への記載は必要ありません。		

別表16 (8)	一括償却資産の損金算入に関する明細書	★★★★☆
	取得価額が20万円未満の資産で、少額減価償却資産の特例などの適用を受けない資産については、通常償却と一括償却の選択が自由にできます。この別表は、一括償却を選択した資産についての損金算入額などを計算するための明細書となります。一括償却を選択した場合には、その事業年度に取得した資産の取得価額の合計額を3年間で均等償却することができます。	
別表16 (9)	特別償却準備金の損金算入に関する明細書	★☆☆☆☆
	一定の減価償却資産を取得した場合には、通常の減価償却費に加え特別償却費を計上することができます。この別表は、そのような特別償却費の計上を減価償却という手続きによらず、準備金という形で計上する際に必要となる別表です。特別償却準備金を計上した場合には、その翌事業年度から2年から7年間で均等額を戻し入れ処理(益金算入)しなければなりません。	
別表16 (10)	資産に係る控除対象外消費税額等の損金算入に関する明細書	★☆☆☆☆
	消費税の課税事業者で、税抜経理処理を選択している法人が取得した資産にかかる消費税のうち、消費税の控除対象仕入税額として認められなかった部分の金額は、最終的に会社の経理処理として費用計上されます。しかし、税務上はその費用計上された金額のうち一定額は、その事業年度の損金とはされず、5年間で損金算入しなければなりません。この別表はそのような資産を購入した事業者が損金算入額の計算をするための明細書となります。	

　例えば、交際費の支出があった事業年度では、交際費等の損金不算入額があれば別表4で加算調整しますが、法人税申告書作成の流れとしては、まず、①別表15「交際費等の損金算入に関する明細書」に、その支出した交際費等の金額を記載して損金算入限度額を計算し、その損金算入限度額を超える金額(損金不算入額)があれば、②次にその金額を別表4で加算調整します。そして別表4で算出した所得金額を基に、③別表1と別表1次葉で当期に納付すべき法人税額を計算します。

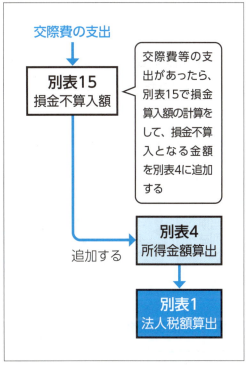

　上記の流れで必要となる別表は、「別表15」、「別表4」、「別表1、別表1次葉」となりますが、仮に交際費の支出がなければ、そのうち、「別表15」はその記載や提出が不要な別表となるわけです。

　つまり、法人税の申告書は、法人税額を算出する「別表1」とその法人税の算出の基礎となる所得金額を計算する「別表4」を中心として、それらの計算に追加される金額や関連する項目がある場合に必要となる各種の別表で構成されているのです。

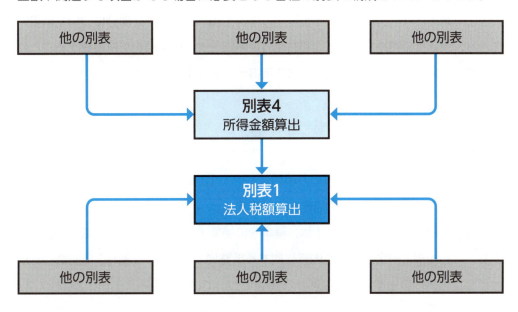

別表4の次に別表1で計算する

　別表4［所得の金額の計算に関する明細書］では、P/L（損益計算書）やB/S（貸借対照表）で計算した会計上の当期利益から出発し、その金額に必要な税務調整すべき金額を「プラス（加算）」「マイナス（減算）」して、所得金額を算出します。そしてその所得金額を基礎にして、別表1、別表1次葉で法人税額を計算します。

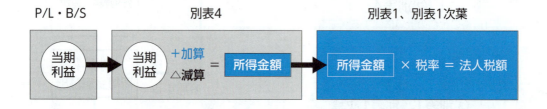

別表4上にある加算や減算について

　会社で算出する利益は、主に投資家である株主などの利害関係者にとって必要となる情報開示のため、会計原則を基準としてその基準に基づきその利益を計算しています。そのため会計上の当期利益は「期間損益計算の適正化」を図ることをその目的として算出されています。しかし、法人税額の算出にあたって使用したい利益は、「課税の公平」を目的とした法人税法を遵守して計算した利益となります。

　そのため両者にはその考え方の違いによる差異が生じます。そこで、法人税法では、会計上で算出された当期利益から税法上の所得金額へ、その差異部分について別表4により、会計上の利益である当期利益から税務調整すべき金額を加算減算することによって、誘導的に法人税上の利益である所得金額を算出していくこととなっています。

処分項目にある留保と社外流出について

　別表4で記載する加算や減算の各項目について「①総額欄」の右側にある処分欄には「②留保」と「③社外流出」の各欄があります。

　この「②留保」と「③社外流出」は、基本的に加算・減算として税務調整した金額のうち、会社内部に現金が留まる内容に関する調整については「②留保」に記載し、現金が会社の外へ流出する内容に関する調整については「③社外流出」に記載します。

たとえば、減価償却超過額（115ページ参照）はその税務調整について現金支出を伴わない内容の調整であるため「②留保」となります。交際費の損金不算入については、支出交際費として現金支出した費用についての調整となりますので、「③社外流出」となります。

　一般的に租税公課はその支払い時に現金の支出を伴いますので、その租税公課に関する調整であれば「③社外流出」として分類されるべきものとなります。しかし、法人税や住民税について社外流出として税務調整をすれば、留保金課税の計算が複雑となるため、課税技術上の理由から「②留保」として扱うこととなっています。租税公課の税務調整については、留保項目として一旦別表４上で調整しますが、別表５(１)の利益積立金額の明細書で留保項目として別表４から転記される際に、△を付して記載しますので、結果的に利益積立金額の合計額ではカウントされず、社外流出項目として扱うこととされています。また、留保金課税の計算においても法人税と住民税については、当期留保金額の計算において一旦留保項目として加算調整をして、当期の所得にかかる法人税と住民税についてのみ社外流出項目として留保所得金額から差し引く計算をするようになっています。

別表4

所得の金額の計算に関する明細書（簡易様式）

会計上の当期利益 B/S・P/Lより → 当期利益

区分		総額	処分	
			留保 ②	社外流出 ③
当期利益又は当期欠損の額	1	当期利益		配当 / その他
加算	損金経理をした法人税及び地方法人税（附帯税を除く。）	2		
	損金経理をした道府県民税及び市町村民税	3		
	損金経理をした納税充当金	4		
	損金経理をした附帯税（利子税を除く。）、加算金、延滞金（延納分を除く。）及び過怠税	5		その他
	減価償却の償却超過額	6		
	役員給与の損金不算入額	7		その他
	交際費等の損金不算入額	8	加算⊕	その他
	通算法人に係る加算額（別表四付表「5」）	9		※
		10		
	小計	11		外※
減算	減価償却超過額の当期認容額	12		
	納税充当金から支出した事業税等の金額	13		
	受取配当等の益金不算入額（別表八（一）「13」又は「26」）	14		※
	外国子会社から受ける剰余金の配当等の益金不算入額（別表八（二）「26」）	15		※
	受贈益の益金不算入額	16	減算⊖	※
	適格現物分配に係る益金不算入額	17		※
	法人税等の中間納付額及び過誤納に係る還付金額	18		
	所得税額等及び欠損金の繰戻しによる還付金額等	19		※
	通算法人に係る減算額（別表四付表「10」）	20		※
		21		
	小計	22		外※
仮計 (1)+(11)-(22)		23		外※
対象純支払利子等の損金不算入額（別表十七（二の二）「29」又は「34」）		24		その他
超過利子額の損金算入額（別表十七（二の三）「10」）		25	△	※ △
仮計 ((23)から(25)までの計)		26		外※
寄附金の損金不算入額（別表十四（二）「24」又は「40」）		27		その他
法人税額から控除される所得税額（別表六（一）「6の③」）		29		その他
税額控除の対象となる外国法人税の額（別表六（二の二）「7」）		30		その他
分配時調整外国税相当額及び外国関係会社等に係る控除対象所得税額等相当額（別表六（五の二）「5の②」+別表十七（三の六）「1」）		31		その他
合計 (26)+(27)+(29)+(30)+(31)		34	加減算⊕⊖	※
中間申告における繰戻しによる還付に係る災害損失欠損金額の益金算入額		37		※
非適格合併又は残余財産の全部分配等による移転資産等の譲渡利益額又は譲渡損失額		38		※
差引計 (34)+(37)+(38)		39		外※
更生欠損金又は民事再生等評価換えが行われる場合の再生等欠損金の損金算入額（別表七（三）「9」又は「21」）		40	△	※ △
通算対象欠損金額の損金算入額又は通算対象所得金額の益金算入額（別表七の三「5」又は「11」）		41		※
差引計 (39)+(40)±(41)		43		外※
欠損金又は災害損失金等の当期控除額（別表七（一）「4の計」+別表七（四）「10」）		44	△	※ △
総計 (43)+(44)		45		外※
残余財産の確定の日の属する事業年度に係る事業税及び特別法人事業税の損金算入額		51	△	△
所得金額又は欠損金額		52	所得金額	外※

別表1の計算

別表4での計算が終われば、次に別表1、別表1次葉を使って法人税額を計算します。これらの別表は法人税と地方法人税の計算が同じ書式によって計算できるようになっています。

またこの書式は、「確定申告書」「中間申告書」「修正申告書」としても使用します。

		法人税額の計算	地方法人税額の計算
確定申告書	A枠の記載	『確定』	『確定』
	使用する欄	B枠	C枠
中間申告書	A枠の記載	『中間』	『中間』
	使用する欄	B枠	C枠
修正申告書	A枠の記載	『修正』	『修正』
	使用する欄	D枠	E枠

別表1、別表1次葉は、B法人税額の計算をする欄とC地方法人税額の計算をする欄に分かれています。なお、修正申告書は、「修正確定」と記載しても支し障えありません。

別表1

別表1次葉

| 事業年度等 | ・ ・ | 法人名 | |

法 人 税 額 の 計 算

(1)のうち中小法人等の年800万円相当額以下の金額 ((1)と800万円×$\frac{}{12}$のうち少ない金額)又は(別表一付表「5」)	49	000	(49)の15％又は19％相当額	52
(1)のうち特例税率の適用がある協同組合等の年10億円相当額を超える金額 (1)-10億円×$\frac{}{12}$	50		(50)の22％相当額	53
その他の所得金額 (1)-(49)-(50)	51	000	(51)の19％又は23.2％相当額	54

地 方 法 人 税 額 の 計 算

所得の金額に対する法人税額 (29)	55		(55)の10.3％相当額	57
課税留保金額に対する法人税額 (30)	56	000	(56)の10.3％相当額	58

こ の 申 告 が 修 正 申 告 で あ る 場 合 の 計 算

こ の 申 告 前 の 法 人 税 額 の 計 算	所得金額又は欠損金額	59		地 方 法 人 税 額 の 計 算	所得の金額に対する法人税額	67	
	課税土地譲渡利益金額	60			課税留保金額に対する法人税額	68	
	課 税 留 保 金 額	61			課税標準法人税額 (67)+(68)	69	000
	法 人 税 額	62			確定地方法人税額	70	
	還 付 金	63	外		還 付 金	71	外
この申告により納付すべき法人税額又は減少する還付請求税額 ((15)-(62))若しくは((15)+(63))又は((63)-(24))		64	外 00		欠損金の繰戻しによる還付金額	72	
こ の 申 告 前 の 計 算	欠損金又は災害損失金等の当期控除額	65			この申告により納付すべき地方法人税額 ((41)-(70))若しくは((41)+(71)+(72))又は(((71)-(44))+((72)-(44の外書)))	73	00
	翌期へ繰り越す欠損金又は災害損失金	66					

土 地 譲 渡 税 額 の 内 訳

土 地 譲 渡 税 額 (別表三(二)「27」)	74	0	土 地 譲 渡 税 額 (別表三(三)「23」)	76	00
同 上 (別表三(二の二)「28」)	75	0			

地 方 法 人 税 額 に 係 る 外 国 税 額 の 控 除 額 の 計 算

外 国 税 額 (別表六(二)「57」)	77		控除しきれなかった金額 (77)-(78)	79
控 除 し た 金 額 (38)	78			

別表1

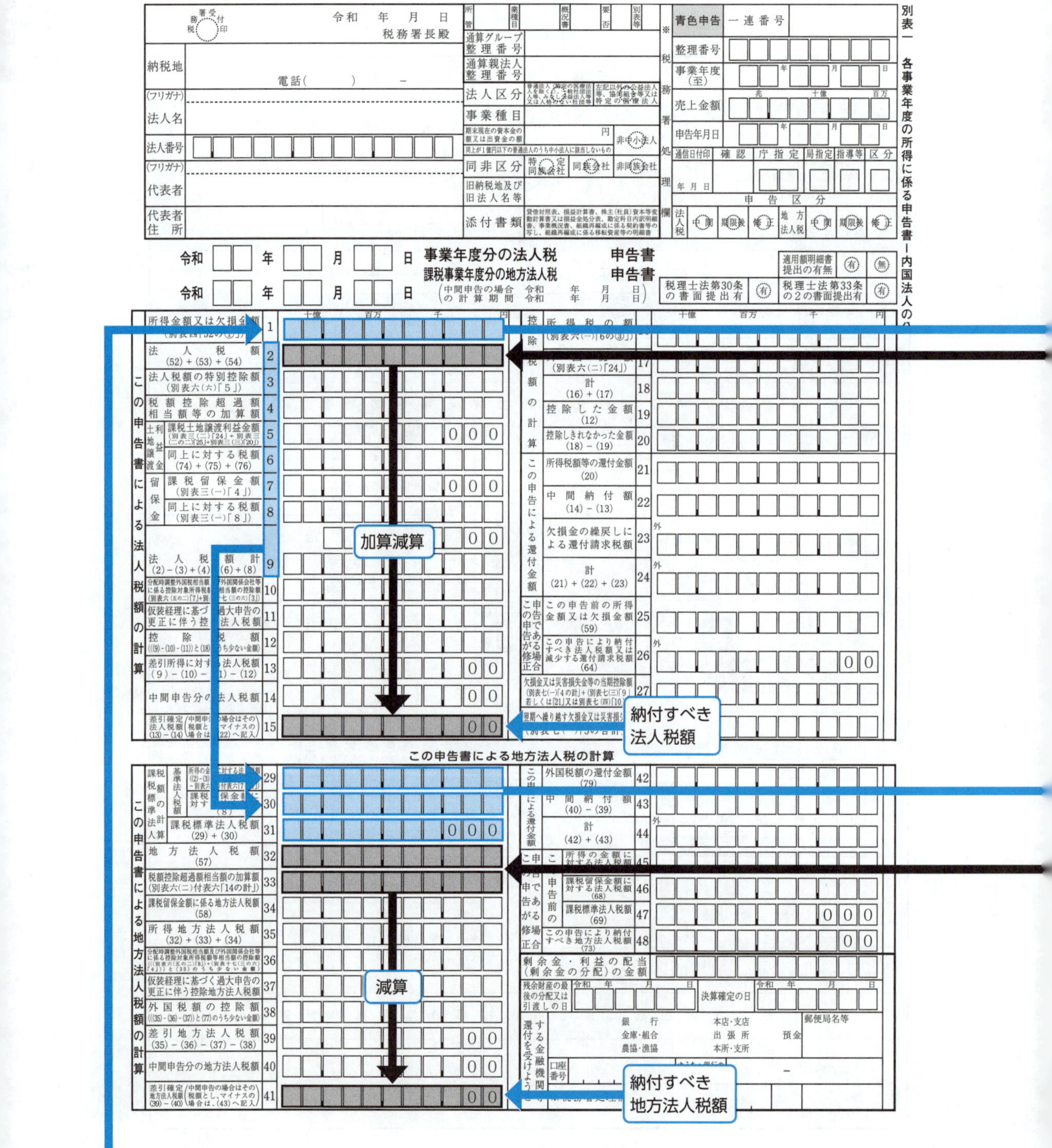

別表一 各事業年度の所得に係る申告書－内国法人の分
税務署受付印
令和 年 月 日 税務署長殿
納税地
電話（ ） －
(フリガナ)
法人名
法人番号
(フリガナ)
代表者
代表者住所
通算グループ整理番号
通算親法人整理番号
法人区分
事業種目
期末現在の資本金の額又は出資金の額
非中小法人
同非区分
旧納税地及び旧法人名等
添付書類
※税務署処理欄
青色申告 一連番号
整理番号
事業年度（至）
売上金額
申告年月日
通信日付印 確認 庁指定 局指定 指導等 区分
申告区分
令和 年 月 日 事業年度分の法人税 申告書
令和 年 月 日 課税事業年度分の地方法人税 申告書
（中間申告の場合の計算期間 令和 年 月 日 令和 年 月 日）
適用額明細書提出の有無 有 無
税理士法第30条の書面提出有 有
税理士法第33条の2の書面提出有 有
1 所得金額又は欠損金額（別表四「52の①」）
2 法人税額 (52)＋(53)＋(54)
3 法人税額の特別控除額（別表六(六)「5」）
4 税額控除超過額相当額等の加算額
5 土地譲渡利益金 課税土地譲渡利益金額
6 同上に対する税額 (74)＋(75)＋(76)
7 留保金 課税留保金額（別表三(一)「4」）
8 同上に対する税額（別表三(一)「8」）
9 法人税額計 (2)－(3)＋(4)＋(6)＋(8)
10 分配時調整外国税相当額及び外国関係会社等に係る控除対象所得税額等相当額の控除額
11 仮装経理に基づく過大申告の更正に伴う控除法人税額
12 控除税額
13 差引所得に対する法人税額 (9)－(10)－(11)－(12)
14 中間申告分の法人税額
15 差引確定法人税額 (13)－(14)
16 所得税の額（別表六(一)「6の③」）
17 外国税額（別表六(二)「24」）
18 計 (16)＋(17)
19 控除した金額 (12)
20 控除しきれなかった金額 (18)－(19)
21 所得税額等の還付金額 (20)
22 中間納付額 (14)－(13)
23 欠損金の繰戻しによる還付請求税額
24 計 (21)＋(22)＋(23)
25 この申告前の所得金額又は欠損金額 (59)
26 この申告により納付すべき法人税額又は減少する還付請求税額 (64)
27 欠損金又は災害損失金等の当期控除額
28 翌期へ繰り越す欠損金又は災害損失金
この申告書による地方法人税の計算
29 所得の金額に対する法人税額
30 課税留保金額に対する法人税額 (8)
31 課税標準法人税額 (29)＋(30)
32 地方法人税額 (57)
33 税額控除超過額相当額の加算額
34 課税留保金額に係る地方法人税額 (58)
35 所得地方法人税額 (32)＋(33)＋(34)
36 分配時調整外国税相当額及び外国関係会社等に係る控除対象所得税額等相当額の控除額
37 仮装経理に基づく過大申告の更正に伴う控除地方法人税額
38 外国税額の控除額
39 差引地方法人税額 (35)－(36)－(37)－(38)
40 中間申告分の地方法人税額
41 差引確定地方法人税額 (39)－(40)
42 外国税額の還付金額 (79)
43 中間納付額 (40)－(39)
44 計 (42)＋(43)
45 所得の金額に対する法人税額
46 課税留保金額に対する法人税額 (68)
47 課税標準法人税額 (69)
48 この申告により納付すべき地方法人税額 (73)
剰余金・利益の配当（剰余金の分配）の金額
残余財産の最後の分配又は引渡しの日
決算確定の日
還付を受けようとする金融機関等
銀行 金庫・組合 農協・漁協 本店・支店 出張所 本所・支所 預金 郵便局名等
口座番号
加算減算
減算
納付すべき法人税額
納付すべき地方法人税額

別表1次葉

事業年度等	： ：	法人名	

法 人 税 額 の 計 算

(1)のうち中小法人等の年800万円相当額以下の金額 ((1)と800万円×$\frac{}{12}$のうち少ない金額)又は(別表一付表「5」)	49	000	(49)の15％又は19％相当額	52
(1)のうち特例税率の適用がある協同組合等の年10億円相当額を超える金額 (1)-10億円×$\frac{}{12}$	50	000	(50)の22％相当額	53
そ の 他 の 所 得 金 額 (1)-(49)-(50)	51	000	(51)の19％又は23.2％相当額	54

地 方 法 人 税 額 の 計 算

所得の金額に対する法人税額 (29)	55	000	(55)の 10.3 ％ 相 当 額	57
課税留保金額に対する法人税額 (30)	56	000	(56)の 10.3 ％ 相 当 額	58

こ の 申 告 が 修 正 申 告 で あ る 場 合 の 計 算

この申告前の法人税額の計算	所得金額又は欠損金額	59		この申告前の地方法人税額の計算	所得の金額に対する法人税額	67	
	課税土地譲渡利益金額	60			課税留保金額に対する法人税額	68	
	課 税 留 保 金 額	61			課税標準法人税額 (67)+(68)	69	000
	法 人 税 額	62			確定地方法人税額	70	
	還 付 金 額	63	外		還 付 金 額	71	
	この申告により納付すべき法人税額又は減少する還付請求税額((15)-(62))若しくは((15)+(63))又は((63)-(24))	64	外 00		欠損金の繰戻しによる還付金	72	
	欠損金又は災害損失金等の当期控除額	65			この申告により納付すべき地方法人税額 ((41)-(70))若しくは((41)+(71)+(72))又は(((71)-(44))+((72)-(44の外書)))	73	00
	翌期へ繰り越す欠損金又は災害損失金	66					

土 地 譲 渡 税 額 の 内 訳

土 地 譲 渡 税 額 (別表三(二)「27」)	74	0	土 地 譲 渡 税 額 (別表三(三)「23」)	76	00
同　　　　　　上 (別表三(二の二)「28」)	75	0			

地 方 法 人 税 額 に 係 る 外 国 税 額 の 控 除 額 の 計 算

外 国 税 額 (別表六(二)「57」)	77		控除しきれなかった金額 (77)-(78)	79	
控 除 し た 金 額 (38)	78				

別表5(1)は密接に関わりあう

　法人税申告書の中でも別表5(1)は、特に別表4や別表1と密接に関わりあう別表です。

　別表5(1)［利益積立金額及び資本金等の額の計算に関する明細書］の上段では「利益積立金額」の明細を記載し、下段では「資本金等の額」の明細を記載します。しかし、ここでの記載はあくまでも法人税上の金額を記載しますので、会計上の貸借対照表の金額と、そのすべてが一致するわけではありません。

　くわしい解説は、本書の第1章以降にゆずりますが、別表4における税務上の利益積立金額の増減に関係する調整項目や、別表1において算出した法人税額を転記して記載する重要な別表となります。

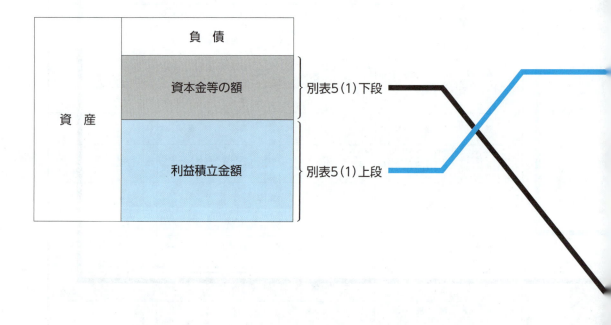

別表5(1)

利益積立金額及び資本金等の額の計算に関する明細書

事業年度	・ ・	法人名	

I 利益積立金額の計算に関する明細書

区　分		期首現在利益積立金額 ①	当期の増減 減 ②	当期の増減 増 ③	差引翌期首現在利益積立金額 ①−②+③ ④
利　益　準　備　金	1	円	円	円	円
積　立　金	2				
	3				
	4				
	5				
	6				
	7				
	8				
	9				
	10				
	11				
	12				
	13				
	14				
	15				
	16				
	17				
	18				
	19				
	20				
	21				
	22				
	23				
	24				
繰越損益金(損は赤)	25				
納　税　充　当　金	26				
未納法人税等(退職年金等積立金に対するものを除く。)	未納法人税及び未納地方法人税(附帯税を除く。)	27	△	△	中間 △ 確定 △	△
	未払通算税効果額(附帯税の額に係る部分の金額を除く。)	28			中間 確定	
	未納道府県民税(均等割額を含む。)	29	△	△	中間 △ 確定 △	△
	未納市町村民税(均等割額を含む。)	30	△	△	中間 △ 確定 △	△
差　引　合　計　額	31				

II 資本金等の額の計算に関する明細書

区　分		期首現在資本金等の額 ①	当期の増減 減 ②	当期の増減 増 ③	差引翌期首現在資本金等の額 ①−②+③ ④
資本金又は出資金	32	円	円	円	円
資　本　準　備　金	33				
	34				
	35				
差　引　合　計　額	36				

別表4

所得の金額の計算に関する明細書（簡易様式）

事業年度　　．　．　　法人名

別表四（簡易様式）

区分		総額	処分	
			留保	社外流出
		①	②	③
当期利益又は当期欠損の額	1	円	円	配当　　　円
				その他
加算	損金経理をした法人税及び地方法人税(附帯税を除く。)	2			
	損金経理をした道府県民税及び市町村民税	3			
	損金経理をした納税充当金	4			
	損金経理をした附帯税（利子税を除く。）、加算金、延滞金（延納分を除く。）及び過怠税	5			その他
	減価償却の償却超過額	6			
	役員給与の損金不算入額	7			その他
	交際費等の損金不算入額	8			その他
	通算法人に係る加算額（別表四付表「5」）	9			外※
		10			
	小計	11			外※
減算	減価償却超過額の当期認容額	12			
	納税充当金から支出した事業税等の金額	13			
	受取配当等の益金不算入額（別表八（一）「13」又は「26」）	14			※
	外国子会社から受ける剰余金の配当等の益金不算入額（別表八（二）「26」）	15			※
	受贈益の益金不算入額	16			※
	適格現物分配に係る益金不算入額	17			※
	法人税等の中間納付額及び過誤納に係る還付金額	18			
	所得税額等及び欠損金の繰戻しによる還付金額等	19			※
	通算法人に係る減算額（別表四付表「10」）	20			※
		21			
	小計	22			外※
仮計 (1)+(11)-(22)		23			外※
対象純支払利子等の損金不算入額（別表十七（二の二）「29」又は「34」）		24			その他
超過利子額の損金算入額（別表十七（二の三）「10」）		25	△		※　△
仮計 ((23)から(25)までの計)		26			外※
寄附金の損金不算入額（別表十四（二）「24」又は「40」）		27			その他
法人税額から控除される所得税額（別表六（一）「6の③」）		29			その他
税額控除の対象となる外国法人税の額（別表六（二の二）「7」）		30			その他
分配時調整外国税相当額及び外国関係会社等に係る控除対象所得税額等相当額（別表六（五の二）「5の②」+別表十七（三の六）「1」）		31			その他
合計 (26)+(27)+(29)+(30)+(31)		34			外※
中間申告における繰戻しによる還付に係る災害損失欠損金額の益金算入額		37			※
非適格合併又は残余財産の全部分配等による移転資産等の譲渡利益額又は譲渡損失額		38			※
差引計 (34)+(37)+(38)		39			外※
更生欠損金又は民事再生等評価換えが行われる場合の再生等欠損金の損金算入額（別表七（三）「9」又は「21」）		40	△		※　△
通算対象欠損金額の損金算入額又は通算対象所得金額の益金算入額（別表七の三「5」又は「11」）		41			※
差引計 (39)+(40)±(41)		43			外※
欠損金又は災害損失金等の当期控除額（別表七「4の計」+別表七（四）「10」）		44	△		※　△

別表4で留保になるものを記載する

別表5(1)

利益積立金額及び資本金等の額の計算に関する明細書

| 事業年度 | : : | 法人名 | |

I 利益積立金額の計算に関する明細書

区　分		期首現在利益積立金額 ①	当期の増減 減 ②	当期の増減 増 ③
利益準備金	1	円	円	円
積立金	2			
	3			
	4			
	5			
	6			
	7			
	8			
	9			
	10			
	11			
	12			
	13			
	14			
	15			
	16			
	17			
	18			
	19			
	20			
	21			
	22			
	23			
	24			
繰越損益金（損は赤）	25			
納税充当金	26			
未納法人税等（退職年金等積立金に対するものを除く。）	未納法人税及び未納地方法人税（附帯税を除く。）	27	△	△	中間 △ 確定 △
	未払通算税効果額（附帯税の額に係る部分の金額を除く。）	28			中間 確定
	未納道府県民税（均等割額を含む。）	29	△	△	中間 △ 確定 △
	未納市町村民税（均等割額を含む。）	30	△	△	中間 △ 確定 △
差引合計額	31			

当期の法人税額と地方法人税額の合計を記載する

II 資本金等の額の計算に関する明細書

区　分		期首現在資本金等の額 ①	当期の増減 減 ②	当期の増減 増 ③
資本金又は出資金	32	円	円	円
資本準備金	33			
	34			
	35			
差引合計額	36			

別表1

（申告書イメージ省略）

第1章
費用についての処理

- 租税公課
- 交際費

1 当期確定申告分の法人税、地方法人税、住民税と別表のつながり

使用する別表 ▶ 別表1・別表5(1)・別表5(2)

　当期確定申告分の法人税や住民税の書き方を理解するためには、その租税債務がいつの時点で発生して、どのように消えていくのかを知っておく必要があります。
　なお、これから説明する内容は、地方法人税や住民税についても同様となりますので、法人税の話を中心にしています。

法人税、住民税の提出期限と納付期限

　法人税確定申告書の<u>提出期限</u>は、事業年度終了の日の翌日から2か月以内とされていますが、<u>納付期限</u>も申告書の提出期限と同日です。したがって、当期分の確定申告の計算によって算出した法人税を納付するタイミングは、下の図に示したように翌期となります。

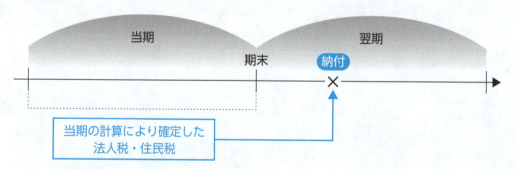

当期分の法人税計算は翌期に行う

　また、法人税・住民税の当期分の計算は、実際には当期の事業年度が終了しなければ計算することができませんので、実務処理の手順としては、
　①事業年度が終了した日の<u>翌日</u>から申告書を作成して法人税額を確定し
　②その確定した法人税額を納付することになります。

租税債務の発生と消滅

ここで注目すべきことは、法人税の租税債務の発生と消滅のタイミングです。租税債務は、事業年度が終了することによって発生し、法人税を納付することによって消滅するという関係にあります。

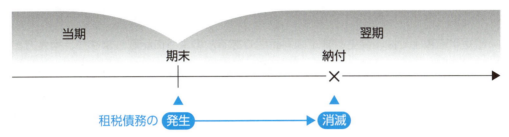

租税債務の確定は発生の後

一方、租税債務が確定するのは、法人税の金額を記載した確定申告書を提出したその瞬間となります。

通常の場合、債務が発生する時期は、金額の確定と同時に生じるものですが、法人税の申告にあっては、租税債務はその発生時期と確定時期が異なるというところにその特徴があります。

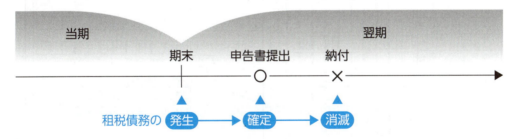

当期中の発生として確定額を記載する

　そこで、法人税の確定申告書では、別表1により計算した当期に納付すべき法人税額は、別表5(1)において、当期中の債務の発生（増）として捉え、更に申告書を提出する瞬間には、その金額が確定することになりますので、同時に債務の確定額も記載することになっています。

　確定申告書上では、発生と確定は同時期であるかのように記載しますが、考え方としては、債務の発生と確定の時期はそれぞれ異なることに注意しなければなりません。

別表1：各事業年度の所得に係る申告

　別表1によって計算した法人税の最終値は、⑮欄 に記載します。ここに記載された差引確定法人税額が、納付しなければならない法人税です。

別表5(1) Ⅰ：利益積立金額の計算に関する明細書

別表1⑮欄に記載した差引確定法人税額は、㊶の差引確定地方法人税額と共に、別表5(1)㉗[未納法人税及び未納地方法人税]の③[確定]欄に転記します。

利益積立金額及び資本金等の額の計算に関する明細書			事業年度	： ：	法人名		別表五(一)
Ⅰ 利益積立金額の計算に関する明細書							
区　分			期首現在利益積立金額 ①	当期の増減		差引翌期首現在利益積立金額 ①−②+③ ④	
				減 ②	増 ③		
			円	円	円	円	
利 益 準 備 金		1					
積 立 金		2					
〜〜〜		3〜23					
		24					
繰越損益金（損は赤）		25			1,050,000 + 46,200		
納 税 充 当 金		26					
未（退職年金等積立金に対するものを除く。）納法人税等	未納法人税及び未納地方法人税	27	△	△	中間 △	△ 1,096,200	
					確定 △1,096,200		
	未払通算税効果額（附帯税の額に係る部分の金額を除く。）	28			中間		
					確定		
	未納道府県民税（均等割額を含む。）	29	△	△	中間 △	△	
					確定 △		
	未納市町村民税（均等割額を含む。）	30	△	△	中間 △	△	
					確定 △		
差 引 合 計 額		31					

ポイント！

別表5(1)Ⅰでは、上記㉗㉙㉚欄には、あらかじめ△印がついていますが、これは別表5(1)Ⅰの明細書は会社が設立してから当期までに獲得した利益で会社内部に留保された純資産のうち、資本金等の額を控除した残額（利益積立金額）を示す明細書となっているためです。

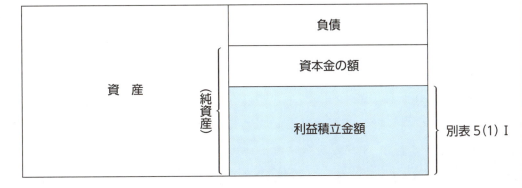

つまり、この租税債務は本来、事業年度終了時に未払費用として貸借対照表に計上すべきなのですが、その金額は申告書の提出と同時に確定しますので、理論上は計上することができません。

　そこで税務上の利益積立金額の明細書において、将来出て行くお金の減少(△)が発生(③欄)した旨の記載(㉗の③欄)をすることになるのです。

　④欄は期末時点で有する租税債務の残額が記載されますが、納付を怠っていない限り、③欄の[確定]欄で記載した金額と同額になります。

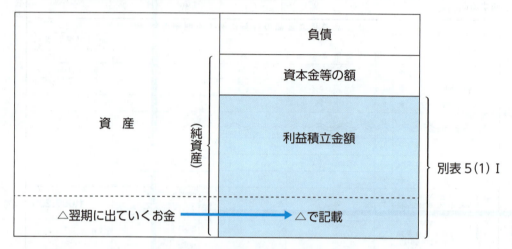

別表5(2)：租税公課の納付状況等に関する明細書

　26ページの別表1の⑮欄[差引確定法人税額]、㊶欄[差引確定地方法人税額]に記載した金額は、別表5(2)にも記載します。

　この法人税は当期末現在では必ず未納となりますので、⑥欄[期末現在未納税額]にも同額を記載します。国税庁が配布している別表5(2)では、④の①③④⑤欄はすべて書き込みができないように斜線が引かれています。

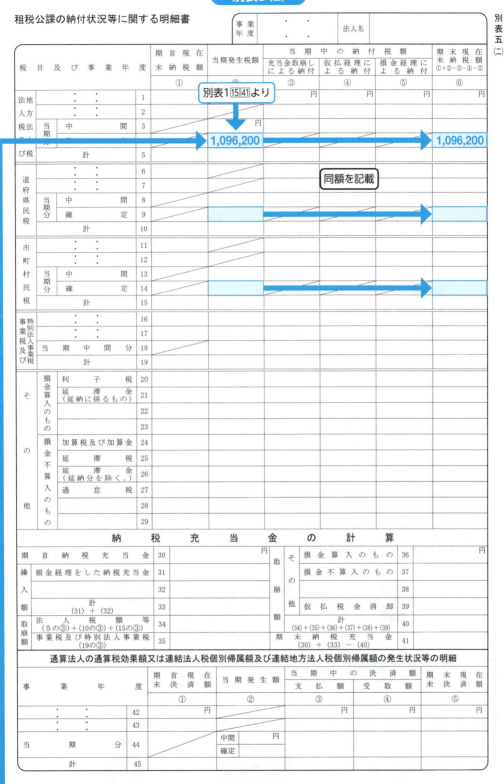

同じ金額を記載する

　別表1⑮欄と㊹欄の合計額、別表5(1)㉗③確定欄、別表5(2)④②⑥欄は、すべて同じ金額が記載されます。

　住民税の記載についても同様ですので、その関係を表にまとめると、次のようになります。それぞれの欄に記載される金額は、税目ごとにすべて同額となります。

税　目	最終値	別表5(1)	別表5(2)
法人税	差引確定法人税額 別表1⑮欄	㉗③確定欄	④②⑥欄
地方法人税	差引確定地方法人税額 別表1㊹欄		
道府県民税	差引 第6号様式㉓欄	㉙③確定欄	⑨②⑥欄
市町村民税	差引 第20号様式㉒欄	㉚③確定欄	⑭②⑥欄

※　住民税の分割法人については、それぞれの最終値の合計額が同額となります。
※　東京都民税は道府県民税の各欄に記載し、市町村民税は空白となります。

　法人税の申告書では、上記のように別表は違っても、それぞれの別表で同じ金額を記載するものが多数あります。これらの金額のつながりを理解することは、法人税別表のつながりを理解する第一歩となります。

　そして、これらのつながりを理解するうえで最も重要となる別表が、別表4、別表1、別表5(1)、別表5(2)であるといえます。

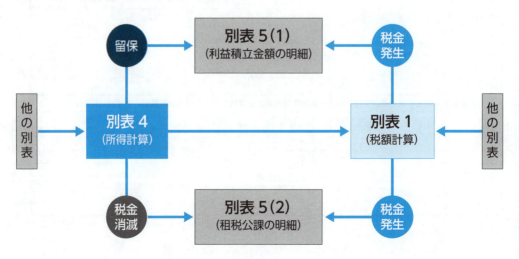

2 納税充当金（未払法人税等）を計上した場合

| 使用する別表 | ▶ 別表4・別表5(1)・別表5(2) |

　納税充当金(未払法人税等)は、翌事業年度以降の租税公課の納付に充当するために計上する勘定科目です。

　この勘定科目は、中小企業の会計に関する指針では仕訳上未払法人税等という科目で計上することになっていますが、本書では税務上の納税充当金という名称で説明します。

勝手な見積り計上額

　納税充当金は実務上、当期の確定申告により納付すべき法人税額や住民税額で実際に翌期に納付する金額を計上することがよくありますが、法人税の理論上は、「あくまでも会社の見積り額の計上である」という位置づけにあります。

　租税には、申告納税方式、賦課課税方式、特別徴収方式などさまざまな方式によるものがありますが、申告納税方式の租税には、法人税、住民税、事業税、消費税などがあります。

　これらの租税は、申告書の提出によって租税債務が確定しますので、これらの費用計上時期は原則として申告書を提出した事業年度（翌期）となります。

　つまり、当期末の時点で債務が確定していない租税債務を会社が勝手に見積り計上することになりますので、税務調整が必要になるわけです。ただし、上記のうち消費税については、税抜経理と税込経理の経理方法の違いにより、特例として未払費用の計上が認められていますので、税務調整は必要ありません。

租税債務の確定

ここで、**1**（24ページ）で説明した租税債務の発生から消滅までの関係を再度確認しますが、事業年度末時点で租税債務（納税義務）が発生し、申告書の提出によって租税債務が確定するという関係が重要になってきます。

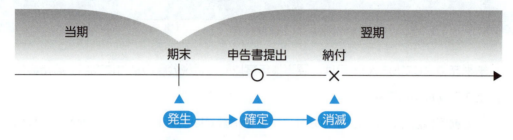

会計上の仕訳

納税充当金は、決算整理によって次の仕訳により計上します。

（法人税、住民税及び事業税）**200,000円**　（未払法人税等）**200,000円**

左側の(法人税、住民税及び事業税)200,000円は損益計算書の税引前当期利益と税引後当期利益の間に、右側の(未払法人税等)200,000円は貸借対照表の負債の部にそれぞれ計上します。

〈損益計算書〉

税引前当期利益　　　　　524,000円
法人税、住民税及び事業税　200,000円
税引後当期利益　　　　　324,000円

〈貸借対照表〉

| 資　産 | 負　債 |
| | 純資産 |

別表4：所得の金額の計算に関する明細書

会計上の最終的な利益は税引後当期利益324,000円となっていますが、法人税では、会計上の勝手な見積り額である200,000円の費用計上は認められません。そこで、次ページのように、別表4 4欄において加算調整をします。この調整をすることによって、税務上の利益（所得金額）は、「法人税、住民税及び事業税」200,000円を計上する前の金額（税引前当期利益524,000円）に戻ることになります。

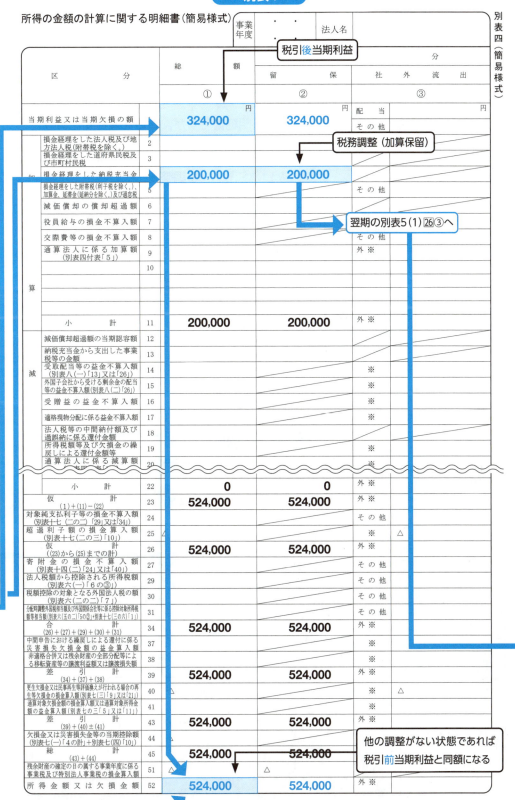

別表5(1) Ⅰ：利益積立金額の計算に関する明細書

32ページにもあるように、納税充当金を計上することによって、会計上は、貸借対照表において「未払法人税等」が計上されます。しかし、法人税ではそのような負債の計上は認めていませんので、負債を減らす税務調整が必要になります。

別表5(1) Ⅰは利益積立金額の計算に関する明細書ですが、負債を減らすということは、結果的に利益積立金額が増えることになります。

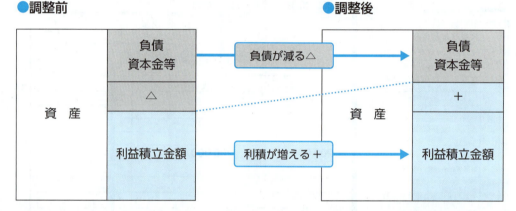

別表5(1)では、当期に計上した納税充当金(未払法人税等)は、26［納税充当金］の③欄に次のように記載します。

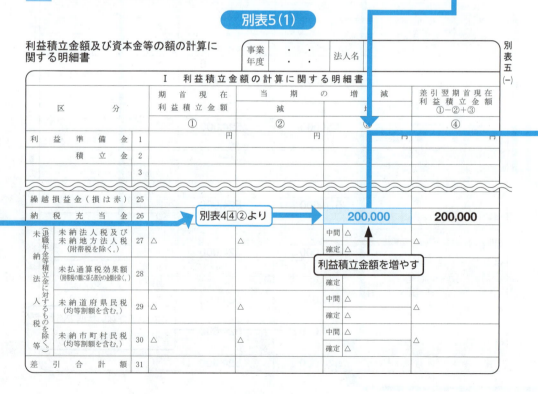

別表5（2）：租税公課の納付状況等に関する明細書

　納税充当金は、租税公課に充当するために計上した勘定科目ですので、その計上については、別表5（2）にも記載します。

　別表5（2）「納税充当金の計算」31欄［損金経理をした納税充当金］が、その記載箇所になります。

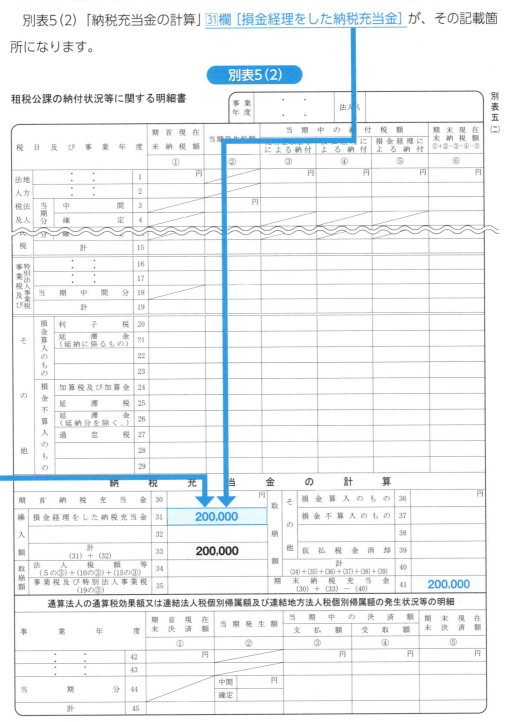

3 租税公課を納付する時の経理方法の違い

| 使用する別表 | ▶ 別表4・別表5(1)・別表5(2) |

会社が租税公課を支払ったときの経理方法には、次の3種類の方法があります。
- 費用として処理する経理方法
- 仮払金として処理する経理方法
- 納税充当金を取り崩して充てる経理方法

上記3種類の経理方法は、どの方法によって処理をしてもかまいませんが、法人税の別表の書き方はそれぞれで変わってきますので、注意が必要です。

まずはそれぞれの処理方法について、その特徴を把握していきましょう。

●3種類の経理方法

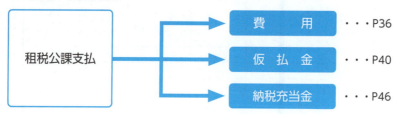

費用として処理する経理方法

　一般に損金経理と呼ばれていますが、これは会計上費用として経理処理をしていることがその特徴となります。

　ごくあたりまえのことを説明しているようですが、これは法人税の本質を理解する上で最も重要な点です。

　法人税で「益金の額になるもの」と「損金の額になるもの」は、法人税法第22条で定められています。これは、法人税申告書の別表4を理解する上で最も重要な条文ですので、次ページに記載しておきます。

法人税法　第22条《各事業年度の所得の金額の計算》

第1項　内国法人の各事業年度の所得の金額は、当該事業年度の益金の額から当該事業年度の損金の額を控除した金額とする。

第2項　内国法人の各事業年度の所得の金額の計算上当該事業年度の益金の額に算入すべき金額は、別段の定めがあるものを除き、資産の販売、有償又は無償による資産の譲渡又は役務の提供、無償による資産の譲受けその他の取引で資本等取引以外のものに係る当該事業年度の収益の額とする。

第3項　内国法人の各事業年度の所得の金額の計算上当該事業年度の損金の額に算入すべき金額は、別段の定めがあるものを除き、次に掲げる額とする。

　　第1号　当該事業年度の収益に係る売上原価、完成工事原価その他これらに準ずる原価の額

　　第2号　前号に掲げるもののほか、当該事業年度の販売費、一般管理費その他の費用(償却費以外の費用で当該事業年度終了の日までに債務の確定しないものを除く。)の額

　　第3号　当該事業年度の損失の額で資本等取引以外の取引に係るもの

第4項　第2項に規定する当該事業年度の収益の額及び前項各号に掲げる額は、別段の定めがあるものを除き、一般に公正妥当と認められる会計処理の基準に従って計算されるものとする。

第5項　第2項又は第3項に規定する資本等取引とは、法人の資本金等の額の増加又は減少を生ずる取引並びに法人が行う利益又は剰余金の分配（資産の流動化に関する法律第115条第1項《中間配当》に規定する金銭の分配を含む。）及び残余財産の分配又は引渡しをいう。

前ページの法人税法第22条第3項第2号のとおり、法人税では、販売費、一般管理費は損金である旨が明文されています。
　つまり、会社が支払った租税公課は、この「販売費及び一般管理費」になりますので、この費用として処理する経理方法では、法人税法で認識されるべき処理と一致することになります。
　つまり、別表4における税務調整が必要ない、原則的な処理方法となるわけです。

●租税公課（販売費及び一般管理費）

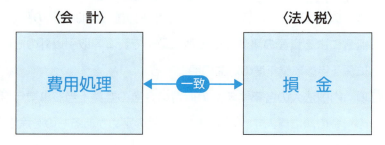

■ 別表5(2)：租税公課の納付状況等に関する明細書

　費用として処理をした租税公課は、次ページのように別表5(2)において、損金経理により支払った旨の記載をします。

別表5(2)

租税公課の納付状況等に関する明細書

税目及び事業年度				期首現在未納税額 ①	当期発生税額 ②	当期中の納付税額			期末現在未納税額 ①+②-③-④-⑤ ⑥
						充当金取崩しによる納付 ③	仮払経理による納付 ④	損金経理による納付 ⑤	
法人税及び地方法人税		・ ・	1	円		円	円	円	円
		・ ・	2		円				
	当期分	中間	3						
		確定	4						
		計	5						
道府県民税		・ ・	6						
		・ ・	7						
	当期分	中間	8						
		確定	9						
		計	10						
市町村民税		・ ・	11						
		・ ・	12						
	当期分	中間	13						
		確定	14						
		計	15						
事業税及び特別法人事業税		・ ・	16						
		・ ・	17						
	当期中間分		18						
		計	19						
その他	損金算入のもの	利子税	20						
		延滞金(延納に係るもの)	21						
		自動車税	22		48,000			48,000	
			23						
	損金不算入のもの	加算税及び加算金	24						
		延滞税	25						
		延滞金(延納分を除く。)	26						
		過怠税	27						
			28						
			29						

※ 損金経理による納付はすべてこの欄に転記する
※ 転記 48,000 → 48,000

納税充当金の計算

繰入額	期首納税充当金	30	円	取崩額 その他	損金算入のもの	36	円
	損金経理をした納税充当金	31			損金不算入のもの	37	
		32				38	
	計 (31)+(32)	33			仮払税金消却	39	
取崩額	法人税額等 (5の③)+(10の③)+(15の③)	34			計 (34)+(35)+(36)+(37)+(38)+(39)	40	
	事業税及び特別法人事業税 (19の③)	35		期末納税充当金 (30)+(33)-(40)		41	

通算法人の通算税効果額又は連結法人税個別帰属額及び連結地方法人税個別帰属額の発生状況等の明細

事業年度	期首現在未決済額 ①	当期発生額 ②	当期中の決済額		期末現在未決済額 ⑤
			支払額 ③	受取額 ④	
・ ・	42	円		円	円	円
・ ・	43					
当期分 中間	44		円			
確定			円			
計	45					

仮払金として処理する経理方法

次に、同じ租税公課を支払った場合でも、会社の経理上、仮払金や仮払税金などの勘定科目で経理処理した場合（仮払経理といいます）には、少し様子が違ってきます。

「仮払金」や「仮払税金」という勘定科目は、会計上貸借対照表に資産として計上される勘定科目ですので、会計上の処理では損益計算書に費用として計上されません。

法人税法では、販売費及び一般管理費は損金として認識すべき費用であるにもかかわらず、会計上は費用として処理しなかったわけですから、両者の関係は一致しないことになります。

●租税公課（販売費及び一般管理費）

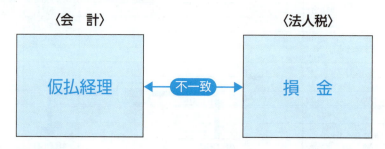

ここで仮払経理をしたことによって、損益計算書の数字にどのような違いが出てくるのか、確認してみましょう。

さきほどの損金経理により処理をした場合には、仮に売上高が100,000円の場合、会社の当期利益は、自動車税(租税公課)48,000円が費用計上されていますので、52,000円(=100,000円－48,000円)となります。

しかし、仮払経理をした場合には、損益計算書には租税公課の48,000円が計上されませんので、会社の当期利益は100,000円になってしまいます。

損金経理をした場合		仮払経理をした場合	
売上金	100,000円	売上金	100,000円
販売費一般管理費	48,000円	販売費一般管理費	0円
当期利益	52,000円	当期利益	100,000円

経理方法の違いによって利益が変わる

そこで、両者の不一致を正しく認識するために、別表4による税務調整が必要になります。

■ 別表4：所得の金額の計算に関する明細書

租税公課の納付に際して会社が仮払経理をした場合には、次ページのように別表4の①欄［当期利益又は当期欠損の額］に記載した金額（100,000円）は、その納付した租税公課が費用処理されていない当期利益が記載されています。

そこで、減算㉑欄以下の空白欄を使って［仮払税金認定損］などと記載し、仮払経理した租税公課の金額（48,000円）を記載します。

この減算調整をすることによって、㊼欄［所得金額又は欠損金額］は52,000円（＝100,000円－48,000円）になりますので、上記の例にある「損金経理をした場合」の当期利益（52,000円）と一致する結果になります。

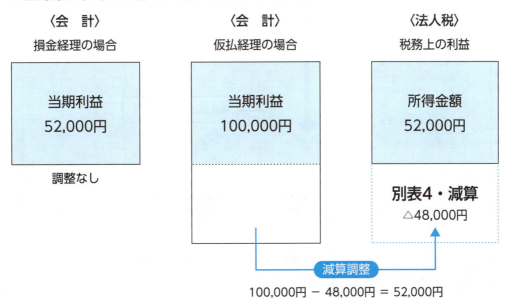

別表4

所得の金額の計算に関する明細書（簡易様式）

別表四（簡易様式）

区分		総額 ①	処分 留保 ②	社外流出 ③	
当期利益又は当期欠損の額	1	100,000 円	100,000 円	配当	円
				その他	
加算	損金経理をした法人税及び地方法人税（附帯税を除く。）	2			
	損金経理をした道府県民税及び市町村民税	3			
	損金経理をした納税充当金	4			
	損金経理をした附帯税（利子税を除く。）、加算金、延滞金（延納分を除く。）及び過怠税	5			その他
	減価償却の償却超過額	6			
	役員給与の損金不算入額	7			その他
	交際費等の損金不算入額	8			その他
	通算法人に係る加算額（別表四付表「5」）	9			外※
		10			

〜〜〜〜〜〜〜〜〜〜〜〜〜〜〜〜〜〜〜〜〜〜〜〜〜〜〜〜〜〜

減算	減価償却超過額の当期認容額	12			
	納税充当金から支出した事業税等の金額	13			
	受取配当等の益金不算入額（別表八（一）「13」又は「26」）	14			※
	外国子会社から受ける剰余金の配当等の益金不算入額（別表八（二）「26」）	15			※
	受贈益の益金不算入額	16			※
	適格現物分配に係る益金不算入額	17			※
	法人税等の中間納付額及び過誤納に係る還付金額	18			
	所得税額等及び欠損金の繰戻しによる還付金額等	19			※
	通算法人に係る減算額（別表四付表「10」）	20			※
	仮払税金認定損	21	**48,000**	**48,000**	
小計		22	48,000	48,000	外※
仮計 (1)+(11)−(22)		23	52,000	52,000	外※
対象純支払利子等の損金不算入額（別表十七（二の二）「29」又は「34」）		24			その他
超過利子額の損金算入額（別表十七（二の三）「10」）		25	△		※ △
仮計 ((23)から(25)までの計)		26	52,000	52,000	外※
寄附金の損金不算入額（別表十四（二）「24」又は「40」）		27			その他
法人税額から控除される所得税額（別表六（一）「6の③」）		29			その他
税額控除の対象となる外国法人税の額（別表六（二の二）「7」）		30			その他
分配時調整外国税相当額及び外国関係会社等に係る控除対象所得税額等相当額（別表六（五の二）「5の②」+別表十七（三の六）「1」）		31			その他
合計 (26)+(27)+(29)+(30)+(31)		34	52,000	52,000	外※
中間申告における繰戻しによる還付に係る災害損失欠損金額の益金算入額		37			※
非適格合併又は残余財産の全部分配等による移転資産等の譲渡利益額又は譲渡損失額		38			※
差引計 (34)+(37)+(38)		39	52,000	52,000	外※
更生欠損金又は民事再生等評価換えが行われる場合の再生等欠損金の損金算入額（別表七（三）「9」又は「21」）		40	△		※
通算対象欠損金額の損金算入額又は通算対象所得金額の益金算入額（別表七の三「5」又は「11」）		41			※
差引計 (39)+(40)±(41)		43	52,000	52,000	
欠損金又は災害損失金等の当期控除額（別表七（一）「4の計」+別表七（四）「10」）		44	△		※ △
総計 (43)+(44)		45	52,000	52,000	外※
残余財産の確定の日の属する事業年度に係る事業税及び特別法人事業税の損金算入額		51	△	△	
所得金額又は欠損金額		52	**52,000**	**52,000**	外※

注記：
- 減算欄でマイナスする
- 損金経理した当期利益と同じ金額になる

次に、仮払金として処理された勘定科目の行方についても確認しておきましょう。

会社が行った経理では、仮払税金という勘定科目によって、貸借対照表上の資産として計上しています。しかし、法人税では、租税公課の納付は販売費及び一般管理費として費用となるべきものですので、「仮払税金」という資産は存在しないことになります。

●仮払税金（資産）

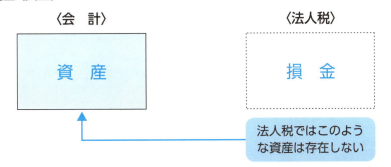

つまり、会計上の貸借対照表には、「仮払税金」という資産が計上されていますが、法人税では、そのような資産は資産として認められないことになります。租税公課は、法人税では費用なのです。

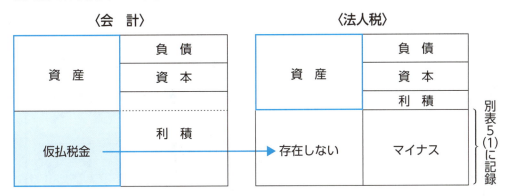

■ 別表5(1) Ⅰ：利益積立金額の計算に関する明細書

この両者の不一致を記録するために必要となる書類が、45ページの別表5(1)です。

別表4で利益に関する不一致を是正すると同時に、その不一致によって、貸借対照表の資産や負債にも不一致が生じるものについては、別表4の②[留保]欄に記載し、別表5(1)にもその旨を記録します。

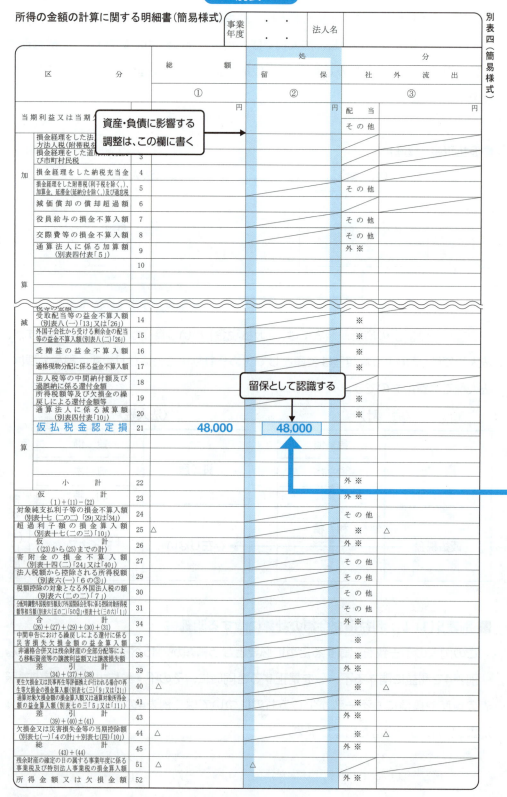

別表5(1)

利益積立金額及び資本金等の額の計算に関する明細書

事業年度　：　：　法人名

I 利益積立金額の計算に関する明細書

区　分		期首現在利益積立金額 ①	当期の増減 減 ②	当期の増減 増 ③	差引翌期首現在利益積立金額 ①-②+③ ④
利 益 準 備 金	1	円	円	円	円
積　立　金	2				
	3				
	4				
	5				
	6				
	9				
	10				
	11				
	12				
	13				
	14				
	15				
	16				
	17				
	18				
	19				
	20				
	21				
仮　払　税　金	22			△ 48,000	△ 48,000
	23				
	24				
繰越損益金(損は赤)	25				
納　税　充　当　金	26				
未納法人税等（退職年金等積立金に対するものを除く。）	未納法人税及び未納地方法人税（附帯税を除く。）	27	△	△	中間 △　確定 △	△
	未払通算税効果額（附帯税の額に係る部分の金額を除く。）	28			中間　確定	
	未納道府県民税（均等割額を含む。）	29	△	△	中間 △　確定 △	△
	未納市町村民税（均等割額を含む。）	30	△	△	中間 △　確定 △	△
差　引　合　計　額	31				

> 資産をマイナスして調整するため△をつける

II 資本金等の額の計算に関する明細書

区　分		期首現在資本金等の額 ①	当期の増減 減 ②	当期の増減 増 ③	差引翌期首現在資本金等の額 ①-②+③ ④
資本金又は出資金	32	円	円	円	円
資　本　準　備　金	33				
	34				
	35				
差　引　合　計　額	36				

■ 別表5(2)：租税公課の納付状況等に関する明細書

仮払経理によって納付した租税公課は、別表5(2)の[仮払経理による納付]④欄に記載します。

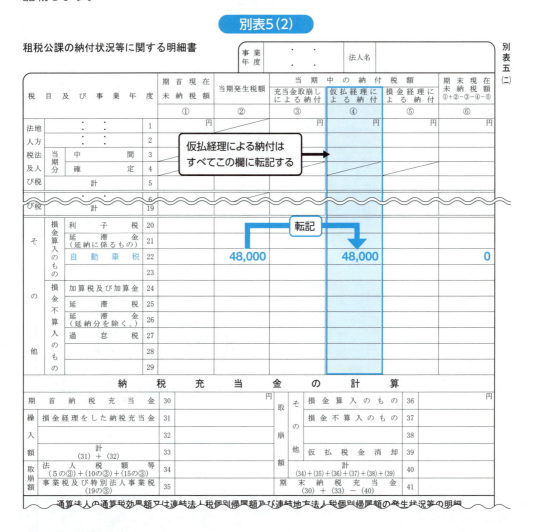

納税充当金を取り崩して充てる経理方法

■ 会計上の仕訳

前期において計上した納税充当金(31ページ)を取り崩して充てる経理処理をした場合には、会計上は次の仕訳をすることになります。

　　　(未払法人税等)　**48,000円**　　　(現金預金)　**48,000円**

上記の仕訳では、負債である(未払法人税等)と資産である(現金預金)がそれぞれ減少しただけで、一見すると会計上の損益には何も影響していない仕訳となっています。

■ 税務上の仕訳

しかし、法人税では次のような仕訳がされたものとして考えます。

（未払法人税等）48,000円　　（納税充当金取崩益）48,000円

（租税公課）　　48,000円　　（現金預金）　　　　48,000円

上記の仕訳では、（納税充当金取崩益）の収益と（租税公課）の費用がそれぞれ益金及び損金として発生しています。

次に、これらの収益と費用が法人税上の益金と損金として認められるものかどうかを検証してみましょう。

■ 前期の勝手な仕訳を修正する

まず、収益に計上した（納税充当金取崩益）は、前期において本来負債に計上すべきでなかった納税充当金（未払法人税等）を今回取り崩していますので、前期に計上した会計上の勝手な仕訳を今回修正したものとして取り扱います。

前期に費用計上した納税充当金（未払法人税等）は、前期において法人税上の所得金額に戻すために加算調整しました（32ページ参照）。

今回は収益計上することで修正をしましたので、前回とは逆に、次ページのように別表4 13 の①②欄において減算調整をします。

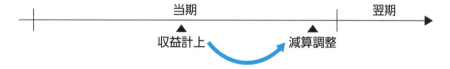

②欄に記載するのは、会計上の資産・負債に影響する税務調整ですので、別表5(1)にも記録するためです。

また、別表4の調整をすることによって、所得金額も仮払経理と同様に、損金経理をした場合と同様の金額になります。

■ 別表4：所得の金額の計算に関する明細書

別表4

所得の金額の計算に関する明細書（簡易様式）

区　分		総　額 ①	処　分	
			留　保 ②	社　外　流　出 ③
当期利益又は当期欠損の額	1	100,000 円	100,000 円	配　当 　　　　円 その他
加算	損金経理をした法人税及び地方法人税（附帯税を除く。）	2			
	損金経理をした道府県民税及び市町村民税	3			
	損金経理をした納税充当金	4			
	損金経理をした附帯税（利子税を除く。）、加算金、延滞金（延納分を除く。）及び過怠税	5			その他
	減価償却の償却超過額	6			
	役員給与の損金不算入額	7			その他
	交際費等の損金不算入額	8			その他
	通算法人に係る加算額（別表四付表「5」）	9			外※
		10			
	小　　計	11			外※
減算	減価償却超過額の当期認容額	12			
	納税充当金から支出した事業税等の金額	13	48,000	48,000	
	受取配当等の益金不算入額（別表八（一）「13」又は「26」）	14			※
	外国子会社から受ける剰余金の配当等の益金不算入額（別表八（二）「26」）	15			※
	受贈益の益金不算入額	16			※
	適格現物分配に係る益金不算入額	17			※
	法人税等の中間納付額及び過誤納に係る還付金額	18			
	小　　計	22	48,000	48,000	外※
仮　計　(1)+(11)-(22)		23	52,000	52,000	外※
対象純支払利子等の損金不算入額（別表十七（二の二）「29」又は「34」）		24			その他
超過利子額の損金算入額（別表十七（二の三）「10」）		25	△		※ △
仮　計　(23)から(25)までの計		26	52,000	52,000	外※
寄附金の損金不算入額（別表十四（二）「24」又は「40」）		27			その他
法人税額から控除される所得税額（別表六（一）「6の③」）		29			その他
税額控除の対象となる外国法人税の額（別表六（二の二）「7」）		30			その他
分配時調整外国税相当額及び外国関係会社等に係る控除対象所得税額等相当額（別表六（五の二）「5の②」+別表十七（三の六）「1」）		31			その他
合　計　(26)+(27)+(29)+(30)+(31)		34	52,000	52,000	外※
中間申告における繰戻しによる還付に係る災害損失欠損金額の益金算入額		37			※
非適格合併又は残余財産の全部分配等による移転資産等の譲渡利益額又は譲渡損失額		38			※
差　引　計　(34)+(37)+(38)		39	52,000	52,000	外※
更生欠損金又は民事再生等評価換えが行われる場合の再生等欠損金の損金算入額（別表七（三）「9」又は「21」）		40	△		※ △
通算対象欠損金額の損金算入額又は通算対象所得金額の益金算入額（別表七の三「5」又は「11」）		41			※
差　引　計　(39)+(40)±(41)		43	52,000	52,000	外※
欠損金又は災害損失金等の当期控除額（別表七（一）「4の計」+別表七（四）「10」）		44	△		※ △
総　　計　(43)+(44)		45	52,000	52,000	外※
残余財産の確定の日の属する事業年度に係る事業税及び特別法人事業税の損金算入額		51		△	
所得金額又は欠損金額		52	52,000	52,000	外※

> 資産、負債に影響する税務調整は留保となる

■ 別表5(1) Ⅰ：利益積立金額の計算に関する明細書

別表5(1)

利益積立金額及び資本金等の額の計算に関する明細書

区　分		期首現在利益積立金額 ①	当期の増減		差引翌期首現在利益積立金額 ①-②+③
			減 ②	増 ③	④
利　益　準　備　金	1	円	円	円	円
積　立　金	2				
〜〜〜〜〜〜〜〜〜〜〜〜〜〜〜〜〜〜〜〜〜〜〜〜〜〜〜〜〜〜〜〜〜〜〜〜〜〜					
繰　越　損　益　金（損は赤）	25				
納　税　充　当　金	26	200,000	48,000		152,000
未納法人税等（退職年金等積立金に対するものを除く。）	未納法人税及び未納地方法人税（附帯税を除く。）	27	△	△	中間 △ 確定	△
	未払通算税効果額（附帯税の額に係る部分の金額を除く。）	28			確定	
	未納道府県民税（均等割額を含む。）	29	△	△	中間 △ 確定 △	△
	未納市町村民税（均等割額を含む。）	30	△	△	中間 △ 確定 △	△
差　引　合　計　額	31				

取り崩した納税充当金を減らす

■ 別表5(2)：租税公課の納付状況等に関する明細書

　この納税充当金の取崩しについては、納税充当金の計算に異動がありますので、別表5(2)にも記載します。

　次ページの別表5(2)の下段、［納税充当金の計算］がその記載箇所になります。納税充当金を取り崩して充てた税目などの種類に応じて、適切な箇所へその取り崩した金額を記載します。

　今回の取崩しは、前ページまでの例のように「自動車税」の納付ですので、法人税上は損金算入のものとして36欄に記載することになります。

　次に、費用として計上した(租税公課)ですが、これはその支払った租税公課の種類によって、法人税上の取扱いは異なります(51ページ参照)。

　ここでは、損金算入される租税公課としての書き方を説明していますので、法人税上、損金算入される租税公課であれば、会計上と法人税上での認識は一致することになります。このため別表4、別表5(1)への記載は必要ありません。次ページのように別表5(2)の上段において、仮払経理や損金経理と同様に、［充当金取崩しによる納付］③欄に、その旨を記載することになります。

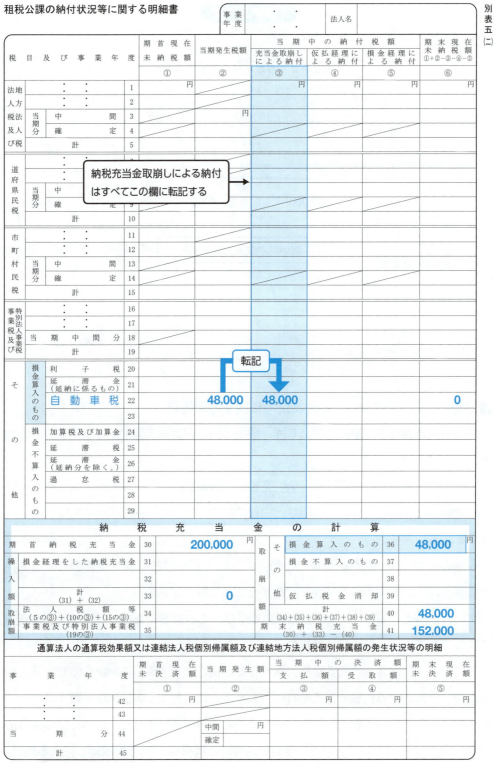

4 損金不算入になる租税公課

| 使用する別表 | ▶ 別表4・別表5(1)・別表5(2) |

　法人が納付した租税公課には、損金として認められる租税公課と損金として認められない租税公課があります。

　租税公課は本来、そのすべてについて販売費・一般管理費として、費用として認識すべきものですが、次の租税公課については、それぞれの理由により損金不算入として取り扱うことになっています。

① 課税技術上の理由により損金不算入になる租税公課

　法人税の本税は、法人の儲け（所得金額）に応じて税額を計算します。このとき、これらの納付税額を損金として認識すると、同じ1,000円の儲けであっても、その1,000円に対する法人税の負担が年度によって変わってしまうという不合理が生じます。

　次の表をご覧下さい。これは毎年同じ売上金額（1,000円）だったと仮定して、納付した法人税を損金として認識した場合の算出税額の推移を表しています。なお、法人税の税率は30%として計算します。

	1年目	2年目	3年目	4年目
売上金額	1,000円	1,000円	1,000円	1,000円
納付税額	―	△300円	△210円	△237円
加算調整	―	―	―	―
所得金額	1,000円	700円	790円	763円
算出税額	1,000円×30% =300円	700円×30% =210円	790円×30% =237円	763円×30% =228円

前ページの表について、**納付した法人税を損金不算入として加算調整した場合**の推移は次のようになります。

	1年目	2年目	3年目	4年目
売上金額	1,000円	1,000円	1,000円	1,000円
納付税額	—	△300円	△300円	△300円
加算調整	—	+300円	+300円	+300円
所得金額	1,000円	1,000円	1,000円	1,000円
算出税額	1,000円×30% =300円	1,000円×30% =300円	1,000円×30% =300円	1,000円×30% =300円

　上記のように、納付した法人税は課税技術上、一旦損益計算において会計上費用として捉え、その後、同額を別表4で加算調整することによって、法人税の税率を乗じる前の所得金額に影響を与えないようにしています。

　このような理由で損金不算入とする租税公課の例には、他に次のものがあります。

・地方法人税

■ 事業税は損金

　なお、事業税は損金として認められる租税公課に該当します。事業税は、本来法人の所得に応じて納税義務が発生するものではなく、事業規模などの企業実体に応じて納税義務が発生する税金に該当します。

　実体に応じて負担すべき税金を単純に資本金などの大きさだけで計測してしまうと、実際の事業規模に合わない課税になるため、技術的にその実体を所得金額に置き換えて計算することになっています。

■ 均等割は法人税割に合わせている

　また、住民税には所得金額とは関係なく、その所在地ごとに資本金や従業員数に応じて納付する均等割の負担額があります。

　これは本来損金として認識すべきものですが、金額が希少なことと、同じ住民税で法人税割と均等割のそれぞれについて法人税の取扱いを分けると事務負担が複雑に

なってしまうということを理由に、その主体である法人税割と同じ取扱いにすることになっています。

当期において納付した法人税、住民税は、それぞれの納付形態により、54ページから64ページのように記載します。なお、前提となる条件は次の通りです。

【前提条件】

細目		前期発生・当期支払	当期発生・当期支払	別表4の記載
法人税 地方法人税	前期確定分	1,126,600円		1,351,000円
	当期中間分		224,400円	
市町村民税	前期確定分	262,700円		600,900円
	当期中間分		147,700円	
道府県民税	前期確定分	118,800円		
	当期中間分		71,700円	

損金経理、仮払経理により納付をした場合

■ 別表4：所得の金額の計算に関する明細書

損金経理、仮払経理により納付した法人税及び地方法人税1,351,000円は②の①②欄、住民税600,900円は③の①②欄に、それぞれグループごとにその合計額を記載します。

なお、ここでは記載を省略しますが、仮払経理によって納付した場合には、［仮払税金認定損］の減算調整をするのを忘れないようにしてください（41ページ参照）。

別表4

所得の金額の計算に関する明細書（簡易様式）

区　分		総　額 ①	処　　分	
			留　保 ②	社外流出 ③
当期利益又は当期欠損の額	1	円	円	配　当　　　円
				その他
損金経理をした法人税及び地方法人税（附帯税を除く。）	2	1,351,000	1,351,000	
損金経理をした道府県民税及び市町村民税	3	600,900	600,900	
損金経理をした納税充当金	4			
損金経理をした附帯税（利子税を除く。）、加算金、延滞金（延納分を除く。）及び過怠税	5			その他
加算	減価償却の償却超過額	6			
	役員給与の損金不算入額	7			その他
	交際費等の損金不算入額	8			その他
	通算法人に係る加算額（別表四付表「5」）	9			外※
		10			

→ 別表5(1)②へ

■ 別表4では留保でも原則は社外流出

また、これらの税金は、会計上費用として認識したものを加算調整することによって費用の支出がなかったものとしていますが、この加算調整を別表4で留保（②欄）として認識することによって、別表5(1)に記録した前期確定申告分①欄と当期中間申告分③欄の租税債務を②欄で消却する仕組みとなっています。別表5(1)㉗㉙㉚欄では、最初から金額欄に△印が印刷されていますが、これは、これらの税金の本質はすべて法人税では社外流出として扱っているためです。

別表4での加算留保としての調整は、あくまでも課税技術上の手段という位置づけにあります。

■ 別表5(1)Ⅰ：利益積立金額の計算に関する明細書

当期に納付した法人税(1,351,000円)は、27の②欄に記載します。通常、当期に納付する法人税には、前期確定分の法人税(1,126,600円)と当期中間分の法人税(224,400円)がありますが、27の②欄にはそれぞれを合計した金額(1,351,000円)が記載されます。

> 27② ☞ 1,351,000円＝1,126,600円 ＋ 224,400円

当期中間分の法人税（224,400円）はその租税債務が当期に発生していますので、27の③［中間］欄に記載します。

つまり、当期に納付すべき法人税をすべて納付している場合には、①欄に記載した金額と③［中間］欄に記載した金額の合計額（①＋③）が②欄に記載されることになります。

> 27② ☞ 27① ＋ 27③［中間］

また、住民税のうち市町村民税については、法人税と同様にして当期に納付した市町村民税（410,400円＝262,700円＋147,700円）は30の②欄、当期に発生した中間分の市町村民税（147,700円）は30の③［中間］欄に記載します。

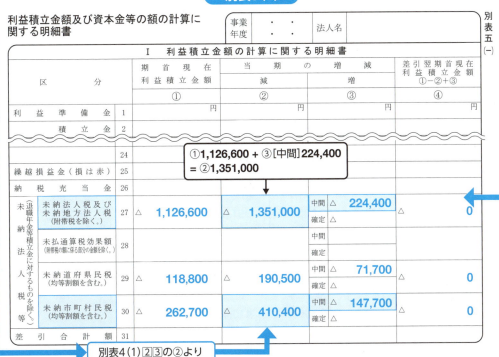

道府県民税については、29の②欄に当期に納付した、前期確定分（118,800円）・当期中間分（71,700円）の合計額（190,500円）が記載されます。

29② ☞ 190,500円 ＝ 118,800円 ＋ 71,700円

そして、29の③［中間］欄には、当期中間分（71,700円）を記載します。

29③ ☞ 71,700円

住民税では、別表4と別表5（1）に記載する際のグループ分けがありますので、注意が必要です。

別表5（1）

利益積立金額及び資本金等の額の計算に関する明細書

Ⅰ　利益積立金額の計算に関する明細書

区分		期首現在利益積立金額 ①	当期の増減 減 ②	当期の増減 増 ③	差引翌期首現在利益積立金額 ①−②+③ ④
利益準備金	1	円	円	円	円
積立金	2				
	3				
	4				
	5				
	6				
	7				
	8				
	9				
	10				
〜	〜	〜	〜	〜	〜
	19				
	20				
	21				
	22				
	23				
	24				
繰越損益金（損は赤）	25				
納税充当金	26				
未納法人税及び未納地方法人税（附帯税を除く。）	27	△ 1,126,600	△ 1,351,000	中間 △ 224,400　確定 △	△ 0
未払通算税効果額（附帯税の額に係る部分の金額を除く。）	28			中間　　　　確定	
未納道府県民税（均等割額を含む。）	29	△ 118,800	△ 190,500	中間 △ 71,700　確定 △	△ 0
未納市町村民税（均等割額を含む。）	30	△ 262,700	△ 410,400	中間 △ 147,700　確定 △	△ 0
差引合計額	31				

①118,800 ＋ ③[中間]71,700 ＝ ②190,500

■ 別表5(2)：租税公課の納付状況等に関する明細書

別表5(2)への記載については、36ページから46ページで説明したように、損金経理により納付したものは⑤欄へ、仮払経理により納付したものは④欄へ、それぞれ記載します。

①欄、②欄の記載にあっては、前期確定分のものは前期に発生した租税公課ですから、①欄へ記載することになります。

このとき、法人税（1,126,600円）は1又は2欄のいずれかに、その租税債務が発生した事業年度を一緒に記載します。同じようにして、道府県民税（118,800円）は6又は7欄、市町村民税(262,700円)は11又は12欄へ、それぞれ記載します。

当期中間分のものは、当期にその租税債務が発生したものですので、法人税（224,400円）は3の②欄、道府県民税（71,700円）は8の②欄、市町村民税（147,700円）は13の②欄へ、それぞれ記載します。

別表5(2)

租税公課の納付状況等に関する明細書　　事業年度 X7・4・1 ～ X8・3・31　　法人名

税目及び事業年度				期首現在未納税額 ①	当期発生税額 ②	当期中の納付税額 充当金取崩しによる納付 ③	当期中の納付税額 仮払経理による納付 ④	当期中の納付税額 損金経理による納付 ⑤	期末現在未納税額 ①+②-③-④-⑤ ⑥
法人税及び地方法人税	・・・		1	円		円	円	円	円
	X6・4・1 X7・3・31		2	1,126,600				1,126,600	0
	当期分	中間	3		224,400円			224,400	0
		確定	4						
	計		5	1,126,600	224,400			1,351,000	0
道府県民税	・・・		6						
	X6・4・1 X7・3・31		7	118,800				118,800	0
	当期分	中間	8		71,700			71,700	0
		確定	9						
	計		10	118,800	71,700			190,500	0
市町村民税	・・・		11						
	X6・4・1 X7・3・31		12	262,700				262,700	0
	当期分	中間	13		147,700			147,700	0
		確定	14						
	計		15	262,700	147,700			410,400	0
事業税及び特別法人事業税	・・・		16						
	・・・		17						
	当期中間分		18						
	計		19						
その他 損金算入のもの	利子税		20						
	延滞金（延納に係るもの）		21						
			22						
			23						
損金不算入	加算税及び加算金		24						
	延滞税		25						
	延滞金		26						

納税充当金を取り崩して充てる経理により納付をした場合

■ 別表4：所得の金額の計算に関する明細書

　納税充当金を取り崩して充てる経理により法人税や住民税を納付した場合には、別表5(1)に関する記載は、前ページまでとそう違いはありません。しかし、別表4については少し特殊な記載になります。

■ 減算留保と加算留保の申告調整

　まず、46ページで説明した納税充当金を取り崩した際の取扱いでは、別表4において「減算留保」の申告調整をしました。そして、54ページでは、損金経理や仮払経理により法人税や住民税を納付した場合には、それぞれ別表4において「加算留保」の申告調整をしました。

■ 納税充当金と仮払経理で別表4を作成してみる

　ここで、法人税前期確定分（1,126,000円）と住民税前期確定分（262,700円＋118,800円）を納税充当金で、法人税当期中間分（224,400円）と住民税当期中間分（147,700円＋71,700円）を仮払経理で処理した場合の別表4を作成してみましょう。

細目		前期発生・当期支払	当期発生・当期支払	合計
法人税地方法人税	前期確定分	1,126,600円		1,351,000円
	当期中間分		224,400円	
市町村民税	前期確定分	262,700円		600,900円
	当期中間分		147,700円	
道府県民税	前期確定分	118,800円		
	当期中間分		71,700円	
合計		1,508,100円	443,800円	1,951,900円
		（納税充当金）	（仮払税金）	

■ 納税充当金に関する調整

　納税充当金を取り崩したことについて、別表4では「減算留保」の申告調整が必要になります。所得計算上ではこの減算調整をすることによって会計上費用処理したのと同じ損益状態となりますので、その納付した租税公課が損金不算入となるものである場合には、54ページで説明したように、それぞれ別表4において加算調整が必要です。

　結果的に「減算調整」、「加算調整」は、それぞれ同額での調整という対応関係が生じます。

（未払法人税等）1,508,100円　　　　　（納税充当金取崩益）1,508,100円
　　　　　　　　　　　　　　　　　　　　　13欄で減算留保

　　　　　　　　　　対応関係

2 3欄で加算留保
- （租税公課［法人税］）1,126,600円　　（現金預金）1,508,100円
- （租税公課［住民税］）262,700円
- （租税公課［住民税］）118,800円

■ 仮払経理に関する調整

　仮払税金による経理の場合にも上記と同様に、損金不算入となる租税公課を納付した場合には、別表4において仮払税金認定損として所得計算上、会計上費用処理したのと同じ損益状態にする「減算調整」と損金不算入となる租税公課に関する「加算調整」について、それぞれ同額での調整という対応関係が生じます。

2 3欄で加算調整
- （租税公課［法人税］）224,400円　　（現金預金）443,800円
- （租税公課［住民税］）147,700円
- （租税公課［住民税］）71,700円

21欄で減算調整　　　　　　　　　　　　　　　　　　　対応関係

→ 別表4 2欄
　　法人税：1,126,600円 + 224,400円 = 1,351,000円

→ 別表4 3欄
　　住民税：262,700円 + 118,800円 + 147,700円 + 71,700円
　　　　　　＝600,900円

別表4

所得の金額の計算に関する明細書（簡易様式）

事業年度　・・／・・　法人名

区　分		総　額	処　分		
			留　保	社　外　流　出	
		①	②	③	
当期利益又は当期欠損の額	1	1,000,000 円	1,000,000 円	配　当	円
				その他	
加算	損金経理をした法人税及び地方法人税（附帯税を除く。）	2	1,351,000	1,351,000		
	損金経理をした道府県民税及び市町村民税	3	600,900	600,900		
	損金経理をした納税充当金	4				
	損金経理をした附帯税（利子税を除く。）、加算金、延滞金（延納分を除く。）及び過怠税	5			その他	
	減価償却の償却超過額	6				
	役員給与の損金不算入額	7			その他	
	交際費等の損金不算入額	8			その他	
	通算法人に係る加算額（別表四付表「5」）	9			外※	
		10				
	小　計	11	1,951,900	1,951,900	外※	
減算	減価償却超過額の当期認容額	12				
	納税充当金から支出した事業税等の金額	13	1,508,100	1,508,100		
	受取配当等の益金不算入額（別表八（一）「13」又は「26」）	14			※	
	外国子会社から受ける剰余金の配当等の益金不算入額（別表八（二）「26」）	15			※	
	受贈益の益金不算入額	16			※	
	適格現物分配に係る益金不算入額	17			※	
	法人税等の中間納付額及び過誤納に係る還付金額	18				
	所得税額等及び欠損金の繰戻しによる還付金額等	19			※	
	通算法人に係る減算額（別表四付表「10」）	20			※	
	仮払税金認定損	21	443,800	443,800		
	小　計	22	1,951,900	1,951,900	外※	
仮　計 (1)+(11)-(22)		23	1,000,000	1,000,000	外※	
対象純支払利子等の損金不算入額（別表十七（二の二）「29」又は「34」）		24			その他	
超過利子額の損金算入額（別表十七（二の三）「10」）		25	△		※	△
仮　計 ((23)から(25)までの計)		26	1,000,000	1,000,000	外※	
寄附金の損金不算入額		27			その他	
合　計 (26)+(27)+(29)+(30)+(31)		34	1,000,000	1,000,000	外※	
中間申告における繰戻しによる還付に係る災害損失欠損金額の益金算入額		37			※	
非適格合併又は残余財産の全部分配等による移転資産等の譲渡利益額又は譲渡損失額		38			※	
差　引　計 (34)+(37)+(38)		39	1,000,000	1,000,000	外※	
更生欠損金又は民事再生等評価換えが行われる場合の再生等欠損金の損金算入額（別表七（三）「9」又は「21」）		40	△		※	△
通算対象欠損金額の損金算入額又は通算対象所得金額の益金算入額（別表七の三「5」又は「11」）		41			※	
差　引　計 (39)+(40)±(41)		43	1,000,000	1,000,000	外※	
欠損金又は災害損失金等の当期控除額（別表七（一）「4の計」+別表七（四）「10」）		44	△		※	△
総　計 (43)+(44)		45	1,000,000	1,000,000	外※	
残余財産の確定の日の属する事業年度に係る事業税及び特別法人事業税の損金算入額		51	△	△		
所得金額又は欠損金額		52	1,000,000	1,000,000	外※	

■ 両建てで総額表記

　前ページでは、損金経理以外の方法により納付した租税公課は、それぞれの納付形態に応じて、所得計算上の申告調整をすることで会計上費用処理したのと同じ状態にしてから、そのうち損金不算入になる租税公課について加算調整しました。そのため、前ページの別表4では、加算調整・減算調整の両方を記載していました。

■ 相殺で純額表記

　しかし、実務では一般に、納税充当金を取り崩して充てた場合には、「加算留保」として調整する租税公課と「減算留保」として調整する納税充当金取崩益のそれぞれの処理を相殺して、次ページのように別表4上での記載を省略します。

■ 会社仕訳に合わせた表記

　これは、税務上では納税充当金取崩益の収益処理と租税公課の費用処理はそれぞれ別の取引がされたものとして考えますが、会計上の仕訳ではそれぞれを相殺して記帳していますので、別表4上の表示もその意思に合わせた表記をするためです（46ページ参照）。

●税法上の仕訳

　　（未払法人税等）1,508,100円　　　（納税充当金取崩益）1,508,100円

　　　　　　　　　　　　　　相　殺

　　（租税公課）　　1,508,100円　　　（現金預金）　　　　1,508,100円

　　　　　　　　　　　　　　　　　　　上記の仕訳が相殺処理されているため、
　　　　　　　　　　　　　　　　　　　別表4上も表示しない

●会計上の仕訳

　　（未払法人税等）1,508,100円　　　（現金預金）　　　　1,508,100円

別表4

所得の金額の計算に関する明細書(簡易様式)　事業年度　・・／・・　法人名

別表四(簡易様式)

区　分		総　額 ①	処　分	
			留　保 ②	社外流出 ③
当期利益又は当期欠損の額	1	1,000,000 円	1,000,000 円	配当／その他　円
加算　損金経理をした法人税及び地方法人税(附帯税を除く。)	2	224,400	224,400	
損金経理をした道府県民税及び市町村民税	3	219,400	219,400	
損金経理をした納税充当金	4			
損金経理をした附帯税(利子税を除く。)、加算金、延滞金(延納分を除く。)及び過怠税	5			その他
〜〜〜	6	〜〜〜	〜〜〜	〜〜〜
小　計	11	443,800	443,800	外※
減算　減価償却超過額の当期認容額	12			
納税充当金から支出した事業税等の金額	13			
受取配当等の益金不算入額(別表八(一)「13」又は「26」)	14			※
外国子会社から受ける剰余金の配当等の益金不算入額(別表八(二)「26」)	15			※
受贈益の益金不算入額	16			※
適格現物分配に係る益金不算入額	17			※
法人税等の中間納付額及び過誤納に係る還付金額	18			
所得税額等及び欠損金の繰戻しによる還付金額等	19			※
通算法人に係る減算額(別表四付表「10」)	20			※
仮払税金認定損	21	443,800	443,800	
小　計	22	443,800	443,800	外※
仮　計 (1)+(11)-(22)	23	1,000,000	1,000,000	外※
対象純支払利子等の損金不算入額(別表十七(二の二)「29」又は「34」)	24			その他
超過利子額の損金算入額(別表十七(二の三)「10」)	25	△		※△
〜〜〜 (43)+(44)	45	〜〜〜	〜〜〜	外※
残余財産の確定の日の属する事業年度に係る事業税及び特別法人事業税の損金算入額	51	△	△	
所得金額又は欠損金額	52	1,000,000	1,000,000	外※

※ 443,800円分については、記載する

※ 1,508,100円分については、相殺して表示しない

■ 仮払経理は両建てで表記

仮払経理による納付の場合は、納税充当金の仕訳のように相殺した仕訳をしたわけではありませんので、考え方のとおり別表4の加算調整・減算調整は両建てで記載します。

●税法上の仕訳

　（仮払税金）443,800円　　　　（現金預金）443,800円

●会計上の仕訳

　（仮払税金）443,800円　　　　（現金預金）443,800円

■ **別表5(1)Ⅰ：利益積立金額の計算に関する明細書**

　納税充当金を取り崩して充てた場合であっても、法人税や住民税の増減状況は経理方法の違いによって変わるものではありませんので、55ページと同じ記載になります。

　しかし、納税充当金は減少していますので、26の②欄の記載を忘れないように注意してください。

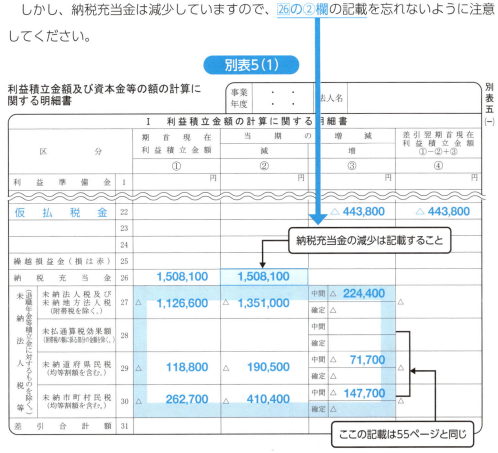

※別表4上の記載は省略されても、別表5(1)への留保の連動は相殺せずに記載する(55ページ参照)。

■ **別表5(2)：租税公課の納付状況等に関する明細書**

　別表5(2)については次ページのように、①欄、②欄の記載は57ページと同様ですが、納税充当金を取り崩して充てた租税公課については③欄に記載します。また、納税充当金の増減がありますので、下段の［納税充当金の計算］34欄への記載が必要になります。

　法人税の本税、住民税の本税は、34欄にその合計額を記載します。34欄には「(5の③)＋(10の③)＋(15の③)」と表記されていますので、その合計額を記載することになります。

別表5(2)

租税公課の納付状況等に関する明細書

事業年度: X7・4・1 ～ X8・3・31

法人名:

税目及び事業年度			期首現在未納税額 ①	当期発生税額 ②	当期中の納付税額			期末現在未納税額 ①+②-③-④-⑤ ⑥
					充当金取崩しによる納付 ③	仮払経理による納付 ④	損金経理による納付 ⑤	
法人税及び地方法人税	: ・ : ・ :	1	円		円	円	円	円
	X6・4・1 ～ X7・3・31	2	1,126,600		1,126,600			
	当期分	中間	3		224,400円			224,400
		確定	4					
		計	5	1,126,600	224,400	1,126,600		224,400
道府県民税	: ・ : ・ :	6						
	X6・4・1 ～ X7・3・31	7	118,800		118,800			
	当期分	中間	8		71,700			71,700
		確定	9					
		計	10	118,800	71,700	118,800		71,700
市町村民税	: ・ : ・ :	11						
	X6・4・1 ～ X7・3・31	12	262,700		262,700			
	当期分	中間	13		147,700			147,700
		確定	14					
		計	15	262,700	147,700	262,700		147,700
事業税及び特別法人事業税	: ・ : ・ :	16						
	: ・ : ・ :	17						
	当期中間分	18						
	計	19						
その他	損金算入のもの	利子税	20					
		延滞金（延納に係るもの）	21					
			22					
			23					
	損金不算入のもの	加算税及び加算金	24					
		延滞税	25					
		延滞金（延納分を除く。）	26					
		過怠税	27					
			28					
			29					

合計して記載する

納税充当金の計算

繰入額	期首納税充当金	30	円	取崩額	その他	損金算入のもの	36	円
	損金経理をした納税充当金	31				損金不算入のもの	37	
		32					38	
	計 (31)+(32)	33				仮払税金消却	39	
取崩額	法人税額等 (5の③)+(10の③)+(15の③)	34	1,508,100			計 (34)+(35)+(36)+(37)+(38)+(39)	40	
	事業税及び特別法人事業税 (19の③)	35			期末納税充当金 (30)+(33)-(40)	41	

通算法人の通算税効果額又は連結法人税個別帰属額及び連結地方法人税個別帰属額の発生状況等の明細

事業年度	期首現在未決済額 ①	当期発生額 ②	当期中の決済額		期末現在未決済額 ⑤
			支払額 ③	受取額 ④	
: ・ : ・ :	42	円		円	円	円
: ・ : ・ :	43					
当期分	44		中間 確定 円			
計	45					

② 懲罰的課税の理由により損金不算入になる租税公課

　租税公課の中には、延滞税や罰金など、懲罰的な理由で課税されるものがあります。これらの租税公課は懲罰として課税するものですから、それを損金として認めてしまうと課税所得が減少し、結果的に法人税が少なくなります。これでは懲罰の意味がなくなりますので、損金不算入として取り扱うことになっています。

■ 法人税や住民税とは性質の違う租税公課
　これらの租税公課は、基本的に納税義務の発生と同時(同事業年度中)に納付する租税公課ですから、期末時点で必ず未払いとなる法人税や住民税とは性質の違う租税公課となります。

■ 社外流出として扱う
　これらの租税公課は、支出した時点で会社の現金預金が減少し、税務上の資産負債の金額と必ず一致しますので、社外流出として扱います。懲罰的に課税される租税公課には、次のものがあります。

国税に係る附帯税	延滞税、過少申告加算税、無申告加算税、重加算税、不納付加算税、過怠税
地方税に係る附帯金	延滞金（延納に係るものを除く）、過少申告加算金、不申告加算金、重加算金
罰　　金	罰金、科料、過料（外国で課されたものを除く）

　また、上記の延滞金という同じ名称の租税公課でも、延納の届出により課せられる延滞金(国税では利子税が該当します)は損金として認められる租税公課ですので、注意が必要です。

損金経理、仮払経理により納付をした場合

■ 別表4：所得の金額の計算に関する明細書

損金経理や仮払経理による納付の場合、別表4の減算㉑①②欄（192,000円）の記載方法については41ページの考え方と同様ですが、加算⑤欄（192,000円）の記載については［総額］①欄と［処分・社外流出］の③欄に記載します。

別表4

所得の金額の計算に関する明細書（簡易様式）

区　分		総額	処分		
			留保	社外流出	
		①	②	③	
当期利益又は当期欠損の額	1	円	円	配当	円
				その他	
加算	損金経理をした法人税及び地方法人税（附帯税を除く。）	2			
	損金経理をした道府県民税及び市町村民税	3			
	損金経理をした納税充当金	4			
	損金経理をした附帯税（利子税を除く。）、加算金、延滞金（延納分を除く。）及び過怠税	5	**192,000**		その他 **192,000**
	減価償却の償却超過額	6			
	役員給与の損金不算入額	7			その他
	交際費等の損金不算入額	8			その他
	通算法人に係る加算額（別表四付表「5」）	9			外
		10			
	小　計	11			外※
減算	減価償却超過額の当期認容額	12			
	納税充当金から支出した事業税等の金額	13			
	受取配当等の益金不算入額（別表八（一）「13」又は「26」）	14			※
	外国子会社から受ける剰余金の配当等の益金不算入額（別表八（二）「26」）	15			※
	受贈益の益金不算入額	16			※
	適格現物分配に係る益金不算入額	17			※
	法人税等の中間納付額及び過誤納に係る還付金額	18			
	所得税額等及び欠損金の繰戻しによる還付金額等	19			※
	通算法人に係る減算額（別表四付表「10」）	20			※
	仮払税金認定損	21	**192,000**	**192,000**	
	小　計	22			外※
	仮　計 (1)+(11)-(22)	23			外※
	対象純支払利子等の損金不算入額（別表十七（二の二）「29」又は「34」）	24			その他
	超過利子額の損金算入額（別表十七（二の三）「10」）	25	△		※ △
	仮　計 (23)から(25)までの計	26			外※
	寄附金の損金不算入額（別表十四（二）「24」又は「40」）	27			その他

（別表四（簡易様式））

> 社外流出なので別表5(1)に影響を与えない

■ 別表5(1) Ⅰ：利益積立金額の計算に関する明細書

社外流出となる租税公課については、別表5(1)への記載はありません。

しかし、仮払経理をして納付をしている場合には、前ページの別表4の㉑の②欄（192,000円）を次のように転記して記載します。

別表5(1)

利益積立金額及び資本金等の額の計算に関する明細書

Ⅰ 利益積立金額の計算に関する明細書

区分		期首現在利益積立金額 ①	当期の増減 減 ②	当期の増減 増 ③	差引翌期首現在利益積立金額 ①-②+③ ④
利益準備金	1	円	円	円	円
積立金	2				
	3				
	4				
	5				
	6				
	7				
	8				
	9				
	10				
	11				
	12				
	13				
	14				
	15				
	16				
	17				
	18				
	19				
	20				
	21				
仮払税金	22			△192,000	△192,000
	23				
	24				
繰越損益金(損は赤)	25				
納税充当金	26				
未納法人税等（退職年金等積立金に対するものを除く。） 未納法人税及び未納地方法人税（附帯税を除く。）	27	△	△	中間 △ 確定 △	△
未払通算税効果額（附帯税の額に係る部分の金額を除く。）	28			中間 確定	
未納道府県民税（均等割額を含む。）	29	△	△	中間 △ 確定 △	△
未納市町村民税（均等割額を含む。）	30	△	△	中間 △ 確定 △	△
差引合計額	31				

■ 別表5（2）：租税公課の納付状況等に関する明細書

社外流出となる租税公課の別表5（2）の記載は、24から29欄に記載します。加算税（国税）や加算金（地方税）は24欄、延滞税（国税）（180,000円）は25欄、延滞金（地方税）（12,000円）は26欄、過怠税は27欄へ記載します。

このとき、当期に納税義務が生じたものは②欄［当期発生税額］へ記載し、損金経理により納付をしていれば⑤欄、仮払経理により納付をしていれば④欄へ、それぞれ記載します。

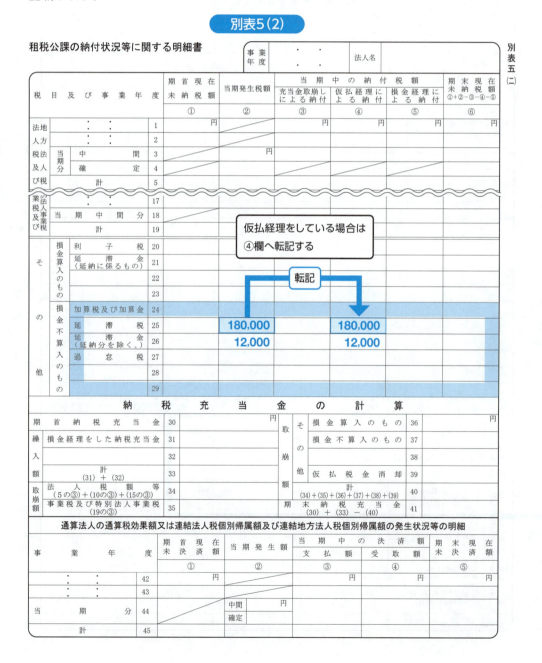

別表5（2）

納税充当金を取り崩して充てる経理により納付をした場合

■ 別表4：所得の金額の計算に関する明細書

　懲罰的な理由により損金不算入となる租税公課を納税充当金を取り崩して充てた場合には、法人税の本税や住民税の本税とはまた違う記載になります。

　61ページでは、それぞれの租税公課の調整と納税充当金の調整を相殺して、結果的に別表4上での記載はしませんでしたが、これは、留保同士の相殺となるため、他に影響を及ぼさないからです。

　しかし、懲罰的な理由による租税公課は、社外流出として扱う調整をするため、留保として扱う納税充当金の調整と相殺してしまうわけにはいきません。

　そこで、それぞれの本来あるべき調整を別表4加算欄と減算欄に記載することになります。

別表4

所得の金額の計算に関する明細書（簡易様式）

区　分		総額①	処分 留保②	処分 社外流出③
当期利益又は当期欠損の額	1	円	円	配当 円／その他
加算				
損金経理をした法人税及び地方法人税（附帯税を除く。）	2			
損金経理をした道府県民税及び市町村民税	3			
損金経理をした納税充当金	4			
損金経理をした附帯税（利子税を除く。）、加算金、延滞金（延納分を除く。）及び過怠税	5	192,000		その他　192,000
減価償却の償却超過額	6			
役員給与の損金不算入額	7			その他
交際費等の損金不算入額	8			その他
通算法人に係る加算額（別表四付表「5」）	9			外※
	10			
小　計	11			外※
減算				
減価償却超過額の当期認容額	12			
納税充当金から支出した事業税等の金額	13	192,000	192,000	
受取配当等の益金不算入額（別表八(一)「13」又は「26」）	14			※
外国子会社から受ける剰余金の配当等の益金不算入額（別表八(二)「26」）	15			※
受贈益の益金不算入額	16			※
適格現物分配に係る益金不算入額	17			※
法人税等の中間納付額及び過誤納に係る還付金額	18			
所得税額等及び欠損金の繰戻しによる還付金額等	19			※
通算法人に係る減算額（別表四付表「10」）	20			※

→ 別表5(1) 26 ② へ

■ 別表5(1) Ⅰ：利益積立金額の計算に関する明細書

社外流出となる租税公課については、別表5(1)への記載は必要ありませんが、納税充当金の異動については62ページと同様に、26の②欄に記載する必要があります。

別表5(1)

利益積立金額及び資本金等の額の計算に関する明細書

Ⅰ 利益積立金額の計算に関する明細書

区　分		期首現在利益積立金額 ①	当期の増減		差引翌期首現在利益積立金額 ①-②+③ ④
			減 ②	増 ③	
利 益 準 備 金	1	円	円	円	円
積　立　金	2				
	3				
	4				
	5				
	6				
	7				
	8				
	9				
	10				
	11				
	12				
	13				
	14				
	15				
	16				
	17				
	18				
	19				
	20				
	21				
	22				
	23				
	24				
繰越損益金(損は赤)	25				
納　税　充　当　金	26		**192,000** 〔別表4⑬②より〕		
未納法人税等（退職年金等積立金に対するものを除く。） 未納法人税及び未納地方法人税（附帯税を除く。）	27	△	△	中間 △ 確定 △	△
未払通算税効果額（附帯税の額に係る部分の金額を除く。）	28			中間 確定	
未納道府県民税（均等割額を含む。）	29	△	△	中間 △ 確定 △	△
未納市町村民税（均等割額を含む。）	30	△	△	中間 △ 確定 △	△
差　引　合　計　額	31				

70

■ 別表5（2）：租税公課の納付状況等に関する明細書

別表5（2）への記載は68ページと同様に㉔から㉙欄に記載しますが、納税充当金取崩しによる納付の場合には③欄に記載します。

今回の事例では延滞税（180,000円）は㉕の③欄、延滞金（12,000円）は㉖の③欄へ記載することになります。

そして、下段の［納税充当金の計算］では、㉔から㉙の③欄に記載した金額の合計額（192,000円）を㊲欄に記載します。

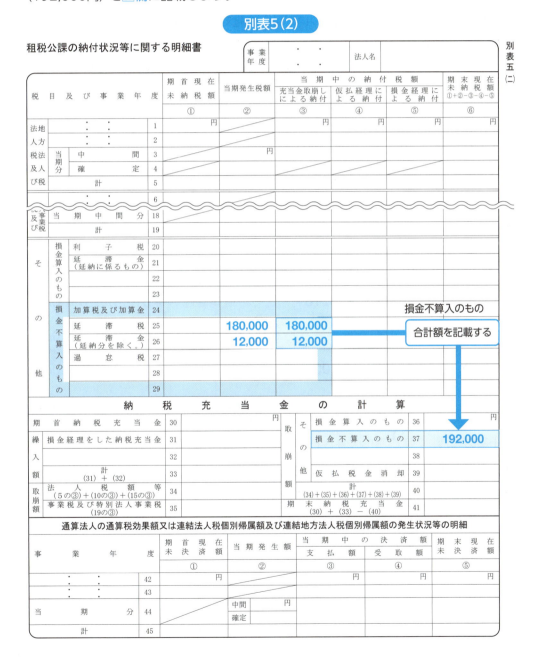

5 預金利息にかかる源泉所得税の取扱い

使用する別表 ▶ 別表6(1)・別表1・別表5(2)

　預金利息にかかる源泉所得税については、会社で処理する経理方法に幾通りかのものがありますが、どの方法を採用した場合でも、基本的な別表の書き方にそう違いはありません。まずは、源泉所得税額の算出方法について確認しましょう。

源泉所得税額の算出方法

　普通預金の通帳を見ると、毎年2月と8月頃に預金利息が入金されています。この入金されてくる利息は、銀行で計算した利息がそのまま支払われるのでなく、国と地方に支払うべき税金がそれぞれ差し引かれた残額が入金されています。

行数	日付	お払戻金額	お預り金額	適用	差引残高	備考
1	X1.2.20	044-75374716		繰越	＊61,537,137	044
2	X1.2.22	カ)セイブンシャ	684,000	振込1	＊62,221,137	068
3	X1.2.22	100,000		カード	＊62,121,137	068
4	X1.2.23		646	利息	＊62,121,745	068

　上図の場合、2月23日に入金された利息は646円ですが、この入金された利息は、本来収受すべき受取利息から源泉所得税（15％）が徴収された残額が入金されます。つまり、本来収受すべき受取利息（税引き前の受取利息）は760円となります。
　ここで、入金された預金利息から源泉所得税を算出しなければならないのですが、預金利息から徴収される税金は、受取利息の金額に対して源泉所得税が15％と決まっています。
　つまり、入金された利息はそれらを控除した残額が入金されているわけですから、本来収受すべき受取利息を100％とした場合に、そこから徴収される率は15％です

から、残額の85%（=100%-15%）が入金されていることになります。

■ 84.685%で割り戻す

　源泉所得税が徴収される前の受取利息（税引き前の受取利息）は、入金された徴収後の金額（646円）を85%で割り戻せば算出できます。

入金された受取利息　÷　85%　=　税引き前の受取利息
　　　646円　　　　÷　85%　=　　　760円

　次に、源泉所得税を算出します。税引き前の受取利息に源泉所得税は15%を乗じて算出します。

税引き前の受取利息　×　15%　=　徴収された源泉所得
　　　760円　　　　×　15%　=　　　114円

　なお、平成27年12月31日以後に法人が支払を受ける受取利息については、復興特別所得税が徴収されますので、実際は84.685%で割り戻すことになります。

復興特別所得税の影響

　平成25年1月1日より、復興特別所得税が源泉所得税の15%に対して2.1%付加（0.15×1.021 = 15.315%）されています。
　この復興特別所得税が付加された受取利息の場合には、上記は、0.84685（=1-(0.15+0.00315)）で割り戻す計算が必要になります。ただし、源泉徴収に係る復興特別所得税の確定額が1円未満となるときは、復興特別所得税は課税されませんので、0.85で割り戻す計算になります。

復興特別所得税の計算

　復興特別所得税は、論理的に順を追って計算すると、318円の受取利息がある場合に1円課税されることになります。

　317円　×　0.315%　＝　0.99855円　→　0円　課税されない

　318円　×　0.315%　＝　1.0017円　→　1円　課税される

　本来、318円の受取利息があった場合には、それぞれの税額は以下の金額となりますので、結果的に255円の入金額があれば復興特別所得税が源泉徴収されているものとして計算することができます。

① 源泉所得税　　　318円　×　　15%　＝　47円
② 復興特別所得税　318円　×　0.315%　＝　1円

→　318円　−　（47円　＋　1円）　＝　270円（預金利息の入金額）

所得税額控除の適用

　会社が源泉所得税を支払った場合には、所得税額控除という特例の適用を受けることができます。

　会社が受け取った受取利息は、法人税法の計算では益金となり課税所得を構成します。しかしこの受取利息については、すでに所得税法の計算において、源泉所得税という税金を支払っています。

　この源泉所得税は、法人税では租税公課(販売費、一般管理費)となりますから損金として扱うことはできますが、この受取利息から租税公課を差し引いた残額については利益となり、その利益に対して、さらに法人税が課税されることになります。

　これでは同じ受取利息に対して法人税と所得税が二重に課税される結果となってしまいますので、こうした二重課税を排除する目的で制定された特例制度が所得税額控除なのです。

所得税額控除のメリット

　所得税額控除の適用が受けられる源泉所得税については、この規定の適用を受けた方が、必ず支払うべき税金が少なくなります。

ただ、会社の事務負担などを考慮して、所得税額控除の適用を選択しないこともできます。

所得税額控除の適用を選択する場合の別表

■ 別表6(1)Ⅰ：所得税額の控除に関する明細書

73ページの計算により、それぞれの金額が算出できれば、別表6(1)に、その金額をそれぞれ記載します。

上記の事例では1回分の利息ですが、実際にはそれぞれ計算した金額の合計額を記載することになります。

- ●税引き前の受取利息（760円） ➡ 別表6(1)①の①欄
- ●源泉所得税（114円） ➡ 別表6(1)①の②欄、③欄

なお、ここでの計算は、説明が複雑になるため、復興特別所得税を加味せずに説明します。

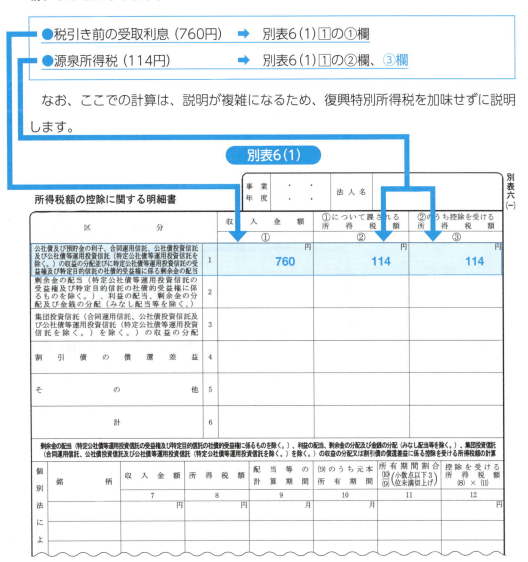

75

■ 別表4：所得の金額の計算に関する明細書

次に別表4を作成しますが、所得税額控除の適用を受ける場合には、算出した源泉所得税（114円）は、会社の経理上、通常は損金として計上されていますので、以下のように、別表4 29 の①欄と③欄へそれぞれ記載して損金不算入の調整をします。

別表4

所得の金額の計算に関する明細書（簡易様式）

区　分		総　額 ①	処　分	
			留　保 ②	社　外　流　出 ③
当期利益又は当期欠損の額	1	円	円	配　当　　　　円
				その他
加算	損金経理をした法人税及び地方法人税（附帯税を除く。）	2			
	損金経理をした道府県民税及び市町村民税	3			
	損金経理をした納税充当金	4			
	損金経理をした附帯税（利子税を除く。）、加算金、延滞金（延納分を除く。）及び過怠税	5			その他
	減価償却の償却超過額	6			
	役員給与の損金不算入額	7			その他
	交際費等の損金不算入額	8			その他
	通算法人に係る加算額（別表四付表「5」）	9			外※
		10			
	小　　　計	11			外※
	減価償却超過額の当期認容額	12			
	納税充当金から支出した事業…	13			
小　　　計		22			外※
仮　　　計 (1)+(11)-(22)		23			外※
対象純支払利子等の損金不算入額（別表十七（二の二）「29」又は「34」）		24			その他
超過利子額の損金算入額（別表十七（二の三）「10」）		25	△		※　△
仮　　　計 ((23)から(25)までの計)		26			外※
寄附金の損金不算入額（別表十四（二）「24」又は「40」）		27			その他
法人税額から控除される所得税額（別表六（一）「6の③」）		29	**114**		その他　　**114**
税額控除の対象となる外国法人税の額（別表六（二）「7」）		30			その他
分配時調整外国税相当額及び外国関係会社等に係る控除対象所得税額等相当額（別表六（五の二）「5の②」＋別表十七（三の六）「1」）		31			その他
合　　　計 (26)+(27)+(29)+(30)+(31)		34			外※
中間申告における繰戻しによる還付に係る災害損失欠損金額の益金算入額		37			※
非適格合併又は残余財産の全部分配による移転資産等の譲渡利益額又は譲渡損失額		38			※
差　　引　　計 (34)+(37)+(38)		39			外※
更生欠損金又は民事再生等評価換えが行われる場合の再生等欠損金の損金算入額（別表七（三）「9」又は「21」）		40	△		※　△
通算対象欠損金額の損金算入額又は通算対象所得金額の益金算入額（別表七の三「5」又は「11」）		41			※
差　　引　　計 (39)+(40)±(41)		43			外※
欠損金又は災害損失金等の当期控除額（別表七（一）「4の計」＋別表七（四）「10」）		44	△		※　△
総　　　計 (43)+(44)		45			外※
残余財産の確定の日の属する事業年度に係る事業税及び特別法人事業税の損金算入額		51	△	△	
所得金額又は欠損金額		52			外※

別表四（簡易様式）

■ 別表1：各事業年度の所得に係る申告書

　所得税額控除の適用を受ける場合には、支払った源泉所得税（114円）を当期に支払うべき法人税額から控除することができますので、以下のように別表1へ記載します。

　まず、順番としては、控除の対象となる所得税額（75ページ別表6(1)の①の③欄に記載した金額→114円）を別表1の⑯欄［所得税の額等］に記載します。そして、⑰欄［外国税額］に記載すべき金額がなければ、同額を⑱欄［計］に記載します。

　次に、その⑱欄に記載した金額（114円）と⑨欄［法人税額計］に記載されている金額（10,000円）を比較して、少ない金額（114円）を⑫欄［控除税額］に記載します。同時に⑲欄にも同じ金額（114円）を記載します。

　ここで、仮に⑨欄［法人税額計］の金額が100円だった場合には、114円よりも少なくなりますので、次ページのような記載になります。

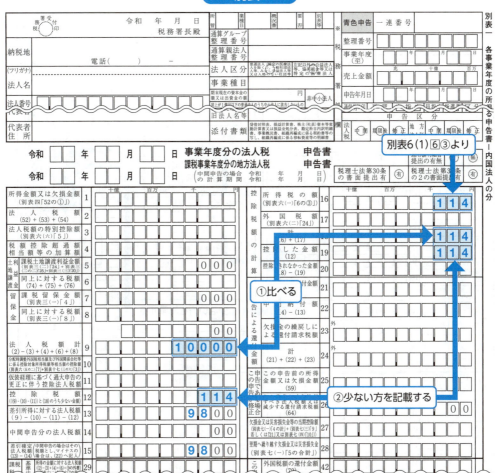

別表1

まず、16欄［所得税の額等］に控除の対象となる所得税額（114円→75ページ別表6(1)の①の③欄に記載した金額）を前ページと同様に記載します。

次に9欄［法人税額計］に記載された金額（100円）が、18欄［計］の金額（114円）より少ないので、9欄の金額（100円）を12欄［控除税額］に記載します。そして、同時に19欄［控除した金額］に同じ金額（100円）を記載します。

ここで、20欄［控除しきれなかった金額］を計算すると14円（＝114円－100円）となりますので、その金額を24欄［所得税額等の還付金額］へ転記します。

ここに記載された金額は、後日還付されます。

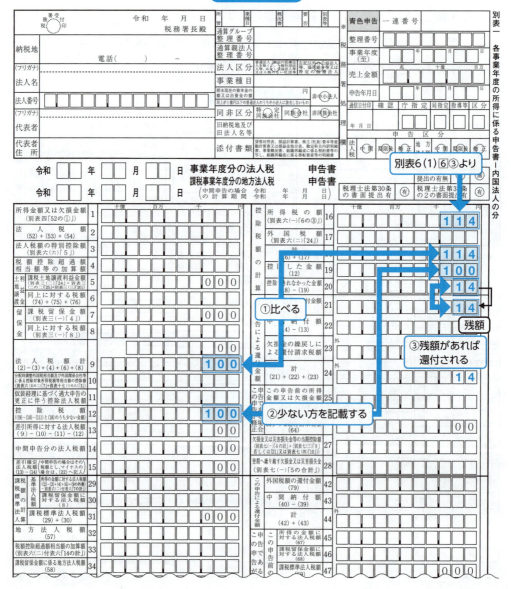

■ 別表5(2)：租税公課の納付状況等に関する明細書

所得税額控除の適用を受ける場合には、その控除を受ける金額（別表4の29欄の金額）は別表4において損金不算入となっていますので、その金額を以下のように、別表5(2)の28又は29の②欄に記載します。

そして、その納付時の会社の経理処理により、③から⑤欄のいずれかにその同額を記載します。

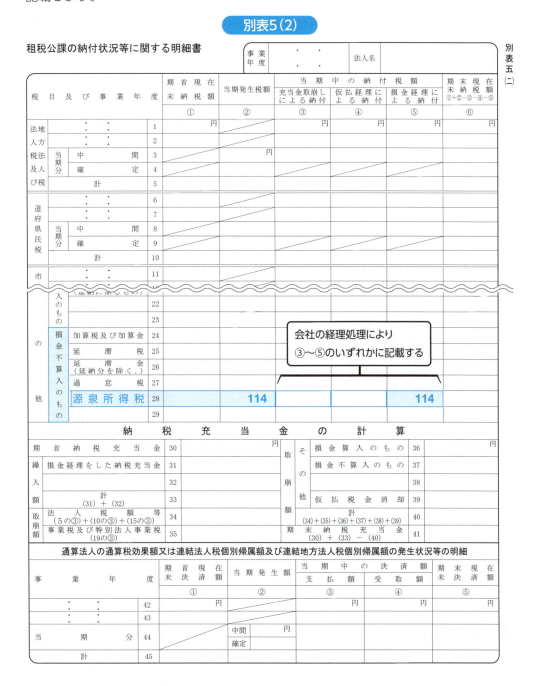

所得税額控除の適用を選択しない場合の別表

　所得税額控除の適用を受けない場合には、納付した源泉所得税は損金として扱われます。

■ 別表6(1)Ⅰ：所得税額の控除に関する明細書

　所得税額控除の適用を受けない場合には、別表6(1)の記載は次のようになります。

- 税引き前の受取利息（760円） ➡ 別表6(1) 1の①欄
- 源泉所得税（114円） ➡ 別表6(1) 1の②欄

　所得税額控除の適用を受ける金額はありませんので、1の③欄は0円として記載します。

　仮に一部の金額だけ適用を受ける場合には、その適用を受ける金額のみ1の③欄へ記載することになります。

別表6(1)

所得税額の控除に関する明細書

区　　　分		収入金額 ①	①について課される所得税額 ②	②のうち控除を受ける所得税額 ③
公社債及び預貯金の利子、合同運用信託、公社債投資信託及び公社債等運用投資信託（特定公社債等運用投資信託を除く。）の収益の分配並びに特定公社債等運用投資信託の受益権及び特定目的信託の社債的受益権に係る剰余金の配当	1	760 円	114 円	0 円
剰余金の配当（特定公社債等運用投資信託の受益権及び特定目的信託の社債的受益権に係るものを除く。）、利益の配当、剰余金の分配及び金銭の分配（みなし配当等を除く。）	2			
集団投資信託（合同運用信託、公社債投資信託及び公社債等運用投資信託（特定公社債等運用投資信託を除く。）を除く。）の収益の分配	3			
割引債の償還差益	4			
その他	5			

■ 別表4：所得の金額の計算に関する明細書

　別表4については、所得税額控除の適用は受けませんので、損金不算入とする金額はありません。

■ 別表1：各事業年度の所得に係る申告書

　所得税額控除の適用を受けない場合には、別表1に記載する金額はありません。

■ 別表5(2)：租税公課の納付状況等に関する明細書

79ページでは、所得税額控除の適用を受けた金額を㉘欄に記載しましたが、適用を受けない場合には、納付した源泉所得税は損金算入されるものになりますので、㉒又は㉓の②欄に記載します。

③から⑤欄に記載すべき金額の留意点は、79ページと同様です。

別表5(2)

租税公課の納付状況等に関する明細書

税目及び事業年度			期首現在未納税額 ①	当期発生税額 ②	当期中の納付税額			期末現在未納税額 ①+②-③-④-⑤ ⑥
					充当金取崩しによる納付 ③	仮払経理による納付 ④	損金経理による納付 ⑤	
法人税及び地方法人税	・ ・	1		円			円	円
	・ ・	2						
	当期分	中 間	3		円			
		確 定	4					
	計	5						
道府県民税	・ ・	6						
	・ ・	7						
	当期分	中 間	8					
		確 定	9					
	計	10						
市町村民税	・ ・	11						
	・ ・	12						
	当期分	中 間	13					
		確 定	14					
	計	15						
事業税及び特別法人事業税	・ ・	16						
	・ ・	17						
	当期中間分	18						
	計	19						
その他	損金算入のもの	利 子 税	20					
		延 滞 金（延納に係るもの）	21					
		源泉所得税	22		114			114
			23					
	損金不算入のもの	加算税及び加算金	24					
		延 滞 税	25					
		延 滞 金（延納分を除く。）	26					
		過 怠 税	27					
			28					
			29					

会社の経理処理により③〜⑤のいずれかに記載する

納 税 充 当 金 の 計 算

| 期首納税充当金 | 30 | 円 | … | 損金算入のもの | 36 | 円 |

6 税金が還付されるときの つながり

| 使用する別表 | ▶ 別表4・別表5(1)・別表5(2) |

　税金を払いすぎていた場合には、その払いすぎた税金は還付されます。
　支払った税金には、その性質により損金として認められるもの、加算留保の税務調整が必要なもの、加算社外流出の税務調整が必要なものがありましたが、それらの税金が払いすぎにより還付された場合には、その支払い時の調整と逆の税務調整をすることになります。

益金となる還付税金

　事業税のように、支払い時に損金として認められた税金が払いすぎにより還付された場合には、その支払い時とは逆に、益金とする処理をします。通常、会社経理では、還付されたときに収益計上していますので、結果的に税務調整をする必要はありません。

減算留保となる還付税金

　法人税や住民税のように、支払い時に加算留保として税務調整をした税金が払いすぎにより還付された場合には、その支払い時とは逆に、減算留保の税務調整をします。
　ポイントは「留保として加算したので、留保として減算する」ということです。ただし、欠損金の繰戻し還付請求による還付金は払いすぎによる還付ではないため、原則どおり社外流出として減算調整します。

減算社外流出となる還付税金

　源泉所得税や附帯税のように、支払い時に加算社外流出として税務調整をした税金が払いすぎにより還付された場合には、その支払い時とは逆に、減算社外の税務調整をします。
　ここでのポイントも「社外として加算したので、社外として減算する」ということです。

納付事業年度の税務調整と還付事業年度の税務調整

　ここまでの内容を税目ごとにまとめると、次のようになります。

	納付事業年度の調整	還付事業年度の調整
法人税・住民税	加算留保	減算留保
事業税 利子税・延滞金 （納期限延長に係るもの）	損　金	益　金
延滞税・延滞金 源泉所得税など	加算社外	減算社外

還付税金を収受するときの経理方法

　還付税金が還付されたときの経理方法はいろいろありますが、素直に雑収入として受け入れるのがオーソドックスな経理方法です。
　他の方法としては、仮受金として計上する方法、仮払金を減らす方法、納税充当金として計上する方法などがありますが、いずれの方法で経理したとしても、結果的に所得金額が雑収入として計上した場合と同様になるように、益金算入の税務調整が必要になります。
　この経理方法の違いによる税務調整は、還付税金の種類に関係なく処理される税務調整となります。

仮受金として計上する方法

仮受金として計上したときの会社仕訳は、次のようになります。

　　　　（現金預金）**200,000円**　　　（仮受金）**200,000円**

　上記の仕訳では、収受した還付税金は、損益計算書において収益として計上されていませんので、益金算入の税務調整が必要になります。

■ 別表4：所得の金額の計算に関する明細書

　別表4では、還付税金を仮受金処理した場合の項目があらかじめ区分欄に印字されていませんので、次ページのように別表4の加算⑩欄以下の空白欄に記載します。
　ここでの考え方は、仮受金として処理をしたこの還付税金は収益として確定したものが入金されたわけですから、期末現在において、この仮受金の内容は還付税金として収益に計上すべきものとなります。
　それを会社経理において仮受金として処理をしたのですから、「還付税金計上もれ」や「仮受金否認」「雑収入計上もれ」などの名称で加算調整をすることになります。

別表4

所得の金額の計算に関する明細書（簡易様式）

区　分		総額①	処分		
			留保②	社外流出③	
当期利益又は当期欠損の額	1	1,000,000	1,000,000	配当	
				その他	
加算	損金経理をした法人税及び地方法人税（附帯税を除く。）	2			
	損金経理をした道府県民税及び市町村民税	3			
	損金経理をした納税充当金	4			
	損金経理をした附帯税（利子税を除く。）、加算金、延滞金（延納分を除く。）及び過怠税	5			その他
	減価償却の償却超過額	6			
	役員給与の損金不算入額	7			その他
	交際費等の損金不算入額	8			その他
	通算法人に係る加算額（別表四付表「5」）	9			外※
	還付税金計上もれ	10	**200,000**	**200,000**	
	小　計	11	200,000	200,000	外※
減算	減価償却超過額の当期認容額	12			
	納税充当金から支出した事業税等の金額	13			
	受取配当等の益金不算入額	14			※
	法人税等の中間納付額及び過誤納に係る還付金額	18			
	所得税額等及び欠損金の繰戻しによる還付金額等	19			※
	通算法人に係る減算額（別表四付表「10」）	20			※
		21			
	小　計	22	0	0	外※
仮　計 (1)+(11)-(22)		23	1,200,000	1,200,000	外※
対象純支払利子等の損金不算入額（別表十七(二の二)「29」又は「34」）		24			その他
超過利子額の損金算入額（別表十七(二の三)「10」）		25	△		※ △
仮　計 ((23)から(25)までの計)		26	1,200,000	1,200,000	外※
寄附金の損金不算入額（別表十四(二)「24」又は「40」）		27			その他
法人税額から控除される所得税額（別表六(一)「6の③」）		29			その他
税額控除の対象となる外国法人税の額（別表六(二の二)「7」）		30			その他
分配時調整外国税相当額及び外国関係会社等に係る控除対象所得税額等相当額（別表六(五の二)「5の②」+別表十七(三の六)「1」）		31			その他
合　計 (26)+(27)+(29)+(30)+(31)		34	1,200,000	1,200,000	外※
中間申告における繰戻しによる還付に係る災害損失欠損金額の益金算入額		37			※
非適格合併又は残余財産の全部分配等による移転資産等の譲渡利益額又は譲渡損失額		38			※
差　引　計 (34)+(37)+(38)		39	1,200,000	1,200,000	外※
更生欠損金又は民事再生等評価換えが行われる場合の再生等欠損金の損金算入額（別表七(三)「9」又は「21」）		40	△		※ △
通算対象欠損金の損金算入額又は通算対象所得金額の益金算入額（別表七の三「5」又は「11」）		41			※
差　引　計 (39)+(40)±(41)		43	1,200,000	1,200,000	外※
欠損金又は災害損失金等の当期控除額（別表七(一)「4の計」+別表七(四)「10」）		44	△		※ △
総　計 (43)+(44)		45	1,200,000	1,200,000	外※
残余財産の確定の日の属する事業年度に係る事業税及び特別法人事業税の損金算入額		51	△	△	
所得金額又は欠損金額		52	1,200,000	1,200,000	外※

■ 別表5(1)Ⅰ：利益積立金額の計算に関する明細書

前ページ別表4の②欄［留保］にもその同額（200,000円）が記載されています。これは、会計上この仮受金は、貸借対照表に**負債**として計上されましたが、その負債は税務上**存在しない**負債となりますので、会計上と税務上のズレを把握するため、別表表5(1)にもその旨の記載が必要になるためです。

留保として認識した金額（200,000円）は、別表5(1)において、③から㉔欄のいずれかの**③欄［増］**に記載します。

別表5(1)

利益積立金額及び資本金等の額の計算に関する明細書

Ⅰ 利益積立金額の計算に関する明細書

区　分		期首現在利益積立金額 ①	当期の増減		差引翌期首現在利益積立金額 ①-②+③ ④
			減 ②	増 ③	
利　益　準　備　金	1	円	円	円	円
積　立　金	2				
	3				
	4				
	5				
	6				
	7				
	8				
〜〜〜	14				
	15				
	16				
	17				
	18				
	19				
	20				
仮　受　金	21			200,000	200,000
	22				
	23				
	24				
繰越損益金（損は赤）	25				
納　税　充　当　金	26				
未納法人税及び未納地方法人税（附帯税を除く。）	27	△	△	中間 △ 確定 △	△
未払通算税効果額（附帯税の額に係る部分の金額を除く。）	28			中間 確定	
未納道府県民税（均等割額を含む。）	29	△	△	中間 △ 確定 △	△
未納市町村民税（均等割額を含む。）	30	△	△	中間 △ 確定 △	△
差　引　合　計　額	31				

仮払金を減らす方法

あらかじめ「仮払金」や「仮払税金」として計上した勘定科目を消却する経理をした場合は、次のような仕訳になります。

　　　　（現金預金）　　　　200,000円　　　　（仮払税金）200,000円

しかし、上記の仕訳は、本来の仕訳ではなく、税務上は次の仕訳があったものとして扱うことになります。

　　　　（現金預金）　　　　200,000円　　　　（雑収入）　200,000円
　　　　（仮払税金消却損）200,000円　　　　（仮払税金）200,000円

上記仕訳の場合、上段の「雑収入200,000円」については原則通りの計上になりますので、この仕訳に対して税務調整すべき金額はありません。しかし、仮払税金を消却している下段の仕訳については、次のような税務調整をすることになります。

89ページ別表5(1)の前提として、前期までに450,000円の仮払税金の計上があったものとして掲載しています。

■ 別表4：所得の金額の計算に関する明細書

前期に資産計上された仮払税金を消却するために「仮払税金消却損200,000円」が会計上費用計上されました。しかし、この仕訳はあくまでも、前期に計上した仮払税金を是正するための仕訳にすぎませんので、税務上はそのような費用は認められません。

そこで、別表4ではその金額を加算調整します。

なお、この調整をすることによって仕訳上、「仮払税金消却損」と相殺された「雑収入」が、所得金額上において反映されることになります。

別表4

所得の金額の計算に関する明細書（簡易様式）

区分		総額 ①	処分 留保 ②	処分 社外流出 ③	
当期利益又は当期欠損の額	1	1,000,000 円	1,000,000 円	配当	
				その他	
加算	損金経理をした法人税及び地方法人税（附帯税を除く。）	2			
	損金経理をした道府県民税及び市町村民税	3			
	損金経理をした納税充当金	4			
	損金経理をした附帯税（利子税を除く。）、加算金、延滞金（延納分を除く。）及び過怠税	5			その他
	減価償却の償却超過額	6			
	役員給与の損金不算入額	7			その他
	交際費等の損金不算入額	8			その他
	通算法人に係る加算額（別表四付表「5」）	9			外※
	前期仮払税金消却	10	**200,000**	**200,000**	
	小　計	11	200,000	200,000	外※
減算	減価償却超過額の当期認容額	12			
	納税充当金から支出した事業税等の金額	13			
	受取配当等の益金不算入額	14			※
	法人税等の中間納付額及び過誤納に係る還付金額	18			
	所得税額等及び欠損金の繰戻しによる還付金額等	19			※
	通算法人に係る減算額（別表四付表「10」）	20			※
		21			
	小　計	22	0	0	外※
仮　計 (1)+(11)-(22)		23	1,200,000	1,200,000	外※
対象純支払利子等の損金不算入額（別表十七（二の二）「29」又は「34」）		24			その他
超過利子額の損金算入額（別表十七（二の三）「10」）		25	△		※ △
仮　計 ((23)から(25)までの計)		26	1,200,000	1,200,000	外※
寄附金の損金不算入額（別表十四（二）「24」又は「40」）		27			その他
法人税額から控除される所得税額（別表六（一）「6の③」）		29			その他
税額控除の対象となる外国法人税の額（別表六（二の二）「7」）		30			その他
分配時調整外国税相当額及び外国関係会社等に係る控除対象所得税額等相当額（別表六（五の二）「5の②」+別表十七（三の六）「1」）		31			その他
合　計 (26)+(27)+(29)+(30)+(31)		34	1,200,000	1,200,000	外※
中間申告における繰戻しによる還付に係る災害損失欠損金額の益金算入額		37			※
非適格合併又は残余財産の全部分配等による移転資産等の譲渡利益額又は譲渡損失額		38			※
差　引　計 (34)+(37)+(38)		39	1,200,000	1,200,000	外※
更生欠損金又は民事再生等評価換えが行われる場合の再生等欠損金の損金算入額（別表七（三）「9」又は「21」）		40	△		※ △
通算対象欠損金額の損金算入額又は通算対象所得金額の益金算入額（別表七の三「5」又は「11」）		41			※
差　引　計 (39)±(40)±(41)		43	1,200,000	1,200,000	
欠損金又は災害損失金等の当期控除額（別表七（一）「4の計」+別表七（四）「10」）		44	△		※ △
総　計 (43)+(44)		45	1,200,000	1,200,000	外※
残余財産の確定の日の属する事業年度に係る事業税及び特別法人事業税の損金算入額		51	△	△	
所得金額又は欠損金額		52	1,200,000	1,200,000	外※

別表5(1)②へ

■ 別表5(1)Ⅰ：益積立金額の計算に関する明細書

87ページの仕訳によって、税務上存在しない仮払金という資産を当期に是正しましたので、その是正した金額（200,000円）を別表5(1)において減額させる記載をします。

結果的に、仮払税金勘定の差額は250,000円（下記別表5(1)㉑の④欄）となります。

別表5(1)

利益積立金額及び資本金等の額の計算に関する明細書

Ⅰ　利益積立金額の計算に関する明細書

区　分		期首現在利益積立金額 ①	当期の増減 減 ②	当期の増減 増 ③	差引翌期首現在利益積立金額 ①-②+③ ④
利　益　準　備　金	1	円	円	円	円
積　立　金	2				
	3				
	4				
	5				
	6				
	7				
	8				
	9				
	12				
	13				
	14				
	15				
	16				
	17		別表4②より		
	18				
	19				
	20				
仮　払　税　金	21	△450,000	△200,000		△250,000
	22				
	23				
	24				
繰越損益金（損は赤）	25				
納　税　充　当　金	26				
未納法人税等（退職年金等積立金に対するものを除く。）	未納法人税及び未納地方法人税（附帯税を除く。）	27	△	△	中間 △ 確定 △	△
	未払通算税効果額（附帯税の額に係る部分の金額を除く。）	28			中間 確定	
	未納道府県民税（均等割額を含む。）	29	△	△	中間 △ 確定 △	△
	未納市町村民税（均等割額を含む。）	30	△	△	中間 △ 確定 △	△
差　引　合　計　額	31				

納税充当金として計上する方法

納税充当金として計上する方法による仕訳は、次のようになります。

　　　（現金預金）　　　200,000円　　　（未払法人税等）200,000円

しかし、上記の仕訳は仮払税金の消却と同様、本来の仕訳ではなく、税務上は次の仕訳があったものとして扱うことになります。

　　　（現金預金）　　　200,000円　　　（雑収入）　　　200,000円

　　　（法人税、住民税、及び事業税）200,000円　　　（未払法人税等）200,000円

上記仕訳の上段については本来の仕訳となりますので、留意すべき事項はありませんが、下段の仕訳については、31ページで説明したとおりの税務調整や別表記載が必要になります。

■ 雑収入としての計上が基本的な取扱いとなる

上記までの説明でもおわかりのように、税金が還付されたときの取扱いは、まず原則的に、雑収入として受け入れたものとして扱います。

仮受金経理の場合も同様に、所得金額上は同様の効果となるような税務調整が必要になります。

そして、次の段階として、それぞれの税目に見合った還付時の税務調整(83ページ参照)が必要になります。

留保項目の税金が還付された場合の別表のつながり

　支払い時に留保項目として加算調整した税金が払いすぎにより還付された場合には、留保として減算調整をします。

■ 別表4：所得の金額の計算に関する明細書

　別表4では、減算⑱欄に[法人税等の中間納付額及び過誤納に係る還付金額]としてあらかじめ決まった記載箇所がありますので、その①②欄に、それぞれ留保となる還付税金の合計額を記載します。

別表4

所得の金額の計算に関する明細書（簡易様式）

区分		総額①	処分 留保②	処分 社外流出③
当期利益又は当期欠損の額	1	円	円	配当／その他 　円
加算	損金経理をした法人税及び地方法人税（附帯税を除く。）	2			
	損金経理をした道府県民税及び市町村民税	3			
	損金経理をした納税充当金	4			
	損金経理をした附帯税（利子税を除く。）、加算金、延滞金（延納分を除く。）及び過怠税	5			その他
	減価償却の償却超過額	6			
	役員給与の損金不算入額	7			その他
	交際費等の損金不算入額	8			
	通算法人に係る加算額（別表四付表「5」）	9			外※
		10			
	小　計	11			外※
減算	減価償却超過額の当期認容額	12			
	納税充当金から支出した事業税等の金額	13			
	受取配当等の益金不算入額（別表八（一）「13」又は「26」）	14			※
	外国子会社から受ける剰余金の配当等の益金不算入額(別表八（二）「26」)	15			※
	受贈益の益金不算入額	16			※
	適格現物分配に係る益金不算入額	17			※
	法人税等の中間納付額及び過誤納に係る還付金額	18	**200,000**	**200,000**	
	所得税額等及び欠損金の繰戻しによる還付金額等	19			※
	通算法人に係る減算額（別表四付表「10」）	20			※
		21			
	小　計	22			外※
	仮　計	23			外※

別表5(1)②へ →

第1章　費用についての処理

■ 別表5(1) Ⅰ：利益積立金額の計算に関する明細書

別表5(1)においては、③から㉔欄を使用して、法人税、住民税の還付金額をそれぞれ別々に記載しても、合計額で記載してもかまいません。

また、㉗㉙㉚欄を使用して、それぞれ印字されている△印を二重線で消して記載してもかまいません。

それぞれの書き方の例は、次の①から③のとおりです。

① ③から㉔欄を使用して別々に記載する書き方

別表5(1)

利益積立金額及び資本金等の額の計算に関する明細書

Ⅰ 利益積立金額の計算に関する明細書

区分		期首現在利益積立金額 ①	当期の増減 減 ②	当期の増減 増 ③	差引翌期首現在利益積立金額 ①−②+③ ④
利益準備金	1	円	円	円	円
積立金	2				
	3				
	4				
	5				
	6				
	7				
	14				
	15				
	16				
	17				
	18				
	19				
	20				
未収還付法人税	21	120,000	120,000		0
未収還付住民税	22	80,000	80,000		0
	23				
	24				
繰越損益金(損は赤)	25				
納税充当金	26				
未納法人税等（退職年金等積立金に対するものを除く。）	未納法人税及び未納地方法人税（附帯税を除く。）	27	△	△	中間 △ 確定 △	△
	未払通算税効果額（附帯税の額に係る部分の金額を除く。）	28			中間 確定	
	未納道府県民税（均等割額を含む。）	29	△	△	中間 △ 確定 △	△
	未納市町村民税（均等割額を含む。）	30	△	△	中間 △ 確定 △	△
差引合計額	31				

別表4⑱②より

② ③から㉔欄を使用して**合計額で記載**する書き方

別表5(1)

利益積立金額及び資本金等の額の計算に関する明細書

| 事業年度 | ： ： | 法人名 | |

I 利益積立金額の計算に関する明細書

区　分		期首現在利益積立金額 ①	当　期　の　増　減		差引翌期首現在利益積立金額 ①－②＋③ ④
			減 ②	増 ③	
利 益 準 備 金	1	円	円	円	円
積 立 金	2				
	3				
	4				
	5				
	6				
	7				
	8				
	9				
	10				
	11				
	12				
	13				
	14				
	15				
	16				
	17				
	18				
	19			別表4⑱②より		
	20				
未 収 還 付 税 金	21	200,000	200,000		0
	22				
	23				
	24				
繰越損益金(損は赤)	25				
納 税 充 当 金	26				
未納法人税等（退職年金等積立金に対するものを除く。）	未納法人税及び未納地方法人税（附帯税を除く。）	27	△	△	中間 △ / 確定 △	△
	未払通算税効果額（附帯税の額に係る部分の金額を除く。）	28			中間 / 確定	
	未納道府県民税（均等割額を含む。）	29	△	△	中間 △ / 確定 △	△
	未納市町村民税（均等割額を含む。）	30	△	△	中間 △ / 確定 △	△
差 引 合 計 額	31				

③ 27 29 30 欄に記載する書き方

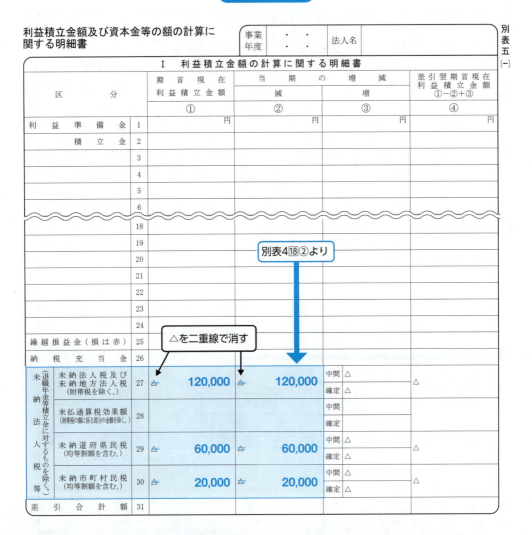

■ **別表5(2)：租税公課の納付状況等に関する明細書**

別表5(2)については、表題にもあるように、「租税公課の納付状況等に関する明細書」ですので、還付についての記載は特に必要ありません。

しかし、もし記載するのであれば、1から30欄については納付時と同じように記載しますが、金額の前に△印を付して記載することになります。

ただし、[当期中の納付税額]の記載については、仮受金経理によるものは④欄、それ以外の方法により経理したときは⑤欄に記載することになりますので、注意が必要です。

別表5(2)

租税公課の納付状況等に関する明細書

事業年度　・　・　　法人名

別表五(二)

税目及び事業年度				期首現在未納税額 ①	当期発生税額 ②	当期中の納付税額			期末現在未納税額 ①+②-③-④-⑤ ⑥
						充当金取崩しによる納付 ③	仮払経理による納付 ④	損金経理による納付 ⑤	
法人税及び地方法人税	・・		1	円		円	円	円	円
	・・		2						
	当期分	中間	3		円				
		確定	4						
		計	5						
道府県民税	・・		6						
	・・		7						
	当期分	中間	8						
		確定	9						
		計	10						
市町村民税	・・		11						
	・・		12						
	当期分	中間	13						
		確定	14						
		計	15						
事業税及び特別法人事業税	・・		16						
	・・		17						
	当期中間分		18						
	計		19						
その他	損金算入のもの	利子税	20						
		延滞金（延納に係るもの）	21						
			22						
			23						
	損金不算入のもの	加算税及び加算金	24						
		延滞税	25						
		延滞金（延納分を除く。）	26						
		過怠税	27						
			28						
			29						

※ 仮受金経理をした場合に代用する（④欄）
※ それ以外の経理方法による場合はすべてこの欄に記載する（⑤欄）

納税充当金の計算

繰入額	期首納税充当金	30	円	取崩額	その他	損金算入のもの	36	円
	損金経理をした納税充当金	31				損金不算入のもの	37	
		32					38	
	計 (31)+(32)	33				仮払税金消却	39	
取崩額	法人税額等 (5の③)+(10の③)+(15の③)	34			計 (34)+(35)+(36)+(37)+(38)+(39)		40	
	事業税及び特別法人事業税 (19の③)	35		期末納税充当金 (30)+(33)-(40)			41	

通算法人の通算税効果額又は連結法人税個別帰属額及び連結地方法人税個別帰属額の発生状況等の明細

事業年度		期首現在未決済額 ①	当期発生額 ②	当期中の決済額		期末現在未決済額 ⑤
				支払額 ③	受取額 ④	
・・	42	円		円	円	円
・・	43					
当期分	44		中間　円			
			確定			
計	45					

第1章　費用についての処理

社外流出項目の税金が還付された場合の別表

社外流出項目の税金には、附帯税等、源泉所得税、欠損金の繰戻し還付による法人税の3種類のものがあります。

これらの税金が還付されたときには、別表4において、減算19欄にあらかじめ印字された記載箇所がありますので、そちらにその合計額を記載します。

■ 別表4：所得の金額の計算に関する明細書

税務調整としては、減算社外として処理をしますので、①欄と③欄に記載します。なお、別表5(1)への記載は必要ありません。

別表4

所得の金額の計算に関する明細書（簡易様式）

区　分		総額①	処分 留保②	処分 社外流出③
当期利益又は当期欠損の額	1	円	円	配当　　　　円
				その他
加算	損金経理をした法人税及び地方法人税（附帯税を除く。）	2			
	損金経理をした道府県民税及び市町村民税	3			
	損金経理をした納税充当金	4			
	損金経理をした附帯税（利子税を除く。）、加算金、延滞金（延納分を除く。）及び過怠税	5			その他
	減価償却の償却超過額	6			
	役員給与の損金不算入額	7			その他
	小　計	11			外　※
減算	減価償却超過額の当期認容額	12			
	納税充当金から支出した事業税等の金額	13			
	受取配当等の益金不算入額（別表八(一)「13」又は「26」）	14			※
	外国子会社から受ける剰余金の配当等の益金不算入額（別表八(二)「26」）	15			※
	受贈益の益金不算入額	16			※
	適格現物分配に係る益金不算入額	17			※
	法人税等の中間納付額及び過誤納に係る還付金額	18			
	所得税額等及び欠損金の繰戻しによる還付金額等	19	**70,000**		※　**70,000**
	通算法人に係る減算額（別表四付表「10」）	20			※
		21			
	小　計	22			外　※
仮　計 (1)+(11)-(22)		23			外　※
対象純支払利子等の損金不算入額（別表十七(二の二)「29」又は「34」）		24			その他

7 交際費がある場合の別表

使用する別表 ▶ 別表15・別表4

　交際費に該当する費用を支出した場合には、その支出した金額のうち、一定の金額は損金算入されません。

　法人税の申告実務では、損金不算入額を計算するために、その支出した費用が交際費に該当するかどうかを支出ごとに細かく識別してから、別表15を作成する必要があります。

交際費の損金算入額

　法人税上、交際費となる支出のうち、損金算入が認められる金額は、次のように会社の規模によって異なります。

■ 期末資本金が1億円超100億円以下の大法人

・接待飲食費の50％に相当する金額

■ 期末資本金が1億円以下の中小法人

次のいずれか多い金額
・接待飲食費の50％に相当する金額
・年800万円までの金額に相当する金額※

※　グループ法人税制の適用を受ける一定の中小法人は除きます(105ページ参照)。
　　損金算入が認められない部分の金額については、別表4で加算調整をします。
　　なお、上記『年800万円』とは、仮に事業年度が6か月の法人である場合には、400万円 $\left(=800万円 \times \frac{6}{12}\right)$ になるという意味です。

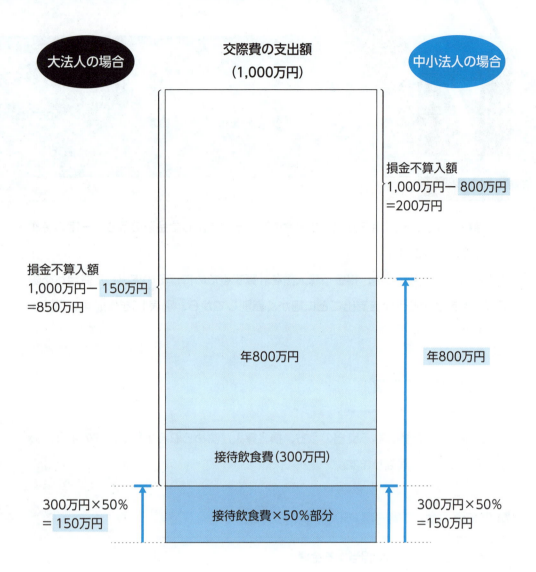

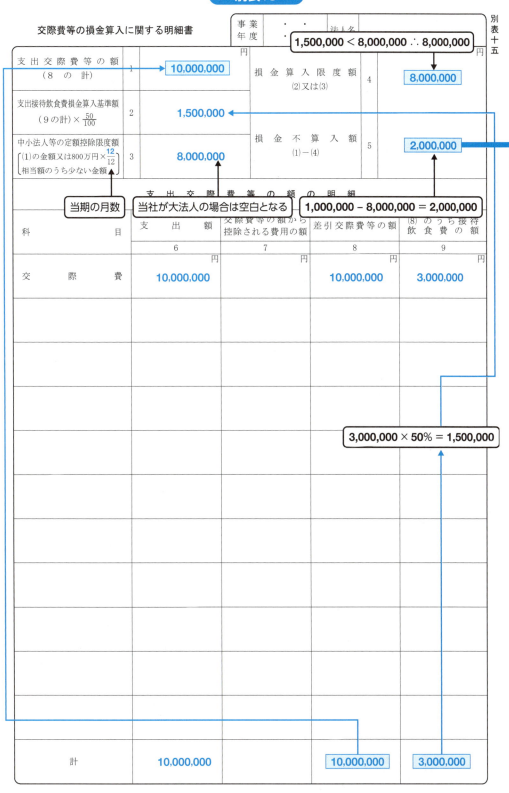

別表4

所得の金額の計算に関する明細書（簡易様式）

事業年度	・　・ ・　・	法人名	

別表四（簡易様式）

区　分		総　額 ①	処　分	
			留　保 ②	社　外　流　出 ③
当期利益又は当期欠損の額	1	円	円	配　当　　　　円
				その他
加算	損金経理をした法人税及び地方法人税（附帯税を除く。）	2			
	損金経理をした道府県民税及び市町村民税	3			
	損金経理をした納税充当金	4			
	損金経理をした附帯税（利子税を除く。）、加算金、延滞金（延納分を除く。）及び過怠税	5			その他
	減価償却の償却超過額	6			
	役員給与の損金不算入額	7			その他
	交際費等の損金不算入額	8	2,000,000		その他　2,000,000
	通算法人に係る加算額（別表四付表「5」）	9			外※
		10			
	小　　　　計	11			外※
減算	減価償却超過額の当期認容額	12			
	納税充当金から支出した事業税等の金額	13			
	受取配当等の益金不算入額（別表八（一）「13」又は「26」）	14			※
	外国子会社から受ける剰余金の配当等の益金不算入額（別表八（二）「26」）	15			※
	受贈益の益金不算入額	16			※
	適格現物分配に係る益金不算入額	17			※
	法人税等の中間納付額及び過誤納に係る還付金額	18			
	所得税額等及び欠損金の繰戻しによる還付金額等	19			※
	通算法人に係る減算額（別表四付表「10」）	20			※
		21			
仮　　　　計 (1)+(11)-(22)		23			外※
対象純支払利子等の損金不算入額（別表十七（二の二）「29」又は「34」）		24			その他
超過利子額の損金算入額（別表十七（二の三）「10」）		25	△		※　△
仮　　　　計 ((23)から(25)までの計)		26			外※
寄附金の損金不算入額（別表十四（二）「24」又は「40」）		27			その他
法人税額から控除される所得税額（別表六（一）「6の③」）		29			その他
税額控除の対象となる外国法人税の額（別表六（二の二）「7」）		30			その他
分配時調整外国税相当額及び外国関係会社等に係る控除対象所得税額等相当額（別表六（五の二）「5の②」+別表十七（三の六）「1」）		31			その他
合　　　　計 (26)+(27)+(29)+(30)+(31)		34			外※
中間申告における繰戻しによる還付に係る災害損失欠損金額の益金算入額		37			※
非適格合併又は残余財産の全部分配等による移転資産等の譲渡利益額又は譲渡損失額		38			※
差　　引　　計 (34)+(37)+(38)		39			外※
更生欠損金又は民事再生等評価換えが行われる場合の再生等欠損金の損金算入額（別表七（三）「9」又は「21」）		40	△		※　△
通算対象欠損金額の損金算入額又は通算対象所得金額の益金算入額（別表七の三「5」又は「11」）		41			※
差　　引　　計 (39)+(40)+(41)		43			外※
欠損金又は災害損失金等の当期控除額（別表七（一）「4の計」+別表七（四）「10」）		44	△		※　△
総　　　　計 (43)+(44)		45			外※
残余財産の確定の日の属する事業年度に係る事業税及び特別法人事業税の損金算入額		51	△	△	
所得金額又は欠損金額		52			外※

支出交際費の判定

支出した費用が交際費に該当するか否かは、その費用が実質的にどのような支出だったのかによって判断します。つまり、たとえ福利厚生費や会議費などの名目で経理されていたとしても、その支出の実態が交際費に該当するものであれば、支出交際費として損金不算入額の計算対象となります。

逆に、交際費として経理されているものであっても、法人税において交際費に該当しない支出額は、計算対象から除きます。

■ 支出交際費から除外される飲食費

1人当たり5,000円以下の飲食費については、支出交際費から除外されます。除外される接待飲食費は、領収書等の次の保存要件を満たした飲食費となりますので注意が必要です。

【支出交際費から除外される飲食費】
- 1人当たり5,000円以下であること
- 領収書若しくは帳簿書類などに、次の事項が記載された飲食費
  ①飲食その他これに類する行為（飲食等）のあった年月日
  ②飲食等に参加した事業関係者等の氏名又は名称及びその関係
  ③飲食費の額並びにその飲食店、料理店等の名称及びその所在地
  ④その他飲食費であることを明らかにするために必要な事項

通常、領収書には上記の②以外の内容は既に書き込まれていますので、②の要件である「誰が参加したのか」の記載、そして1人あたり5,000円以下であるかの確認をして、交際費とは区別するために会議費などの勘定科目で処理をしておきます。

支出交際費等の額の明細

次ページのように、別表15では、左側の欄「科目」の下に［交際費］と記載されている欄があります。そして⑥欄［支出額］には、その支出額を円単位で記載するようになっています。

この［科目］以下の欄は、会社の決算書に計上された勘定科目の名称を記載して、その各支出額を⑥欄［支出額］に記載します。

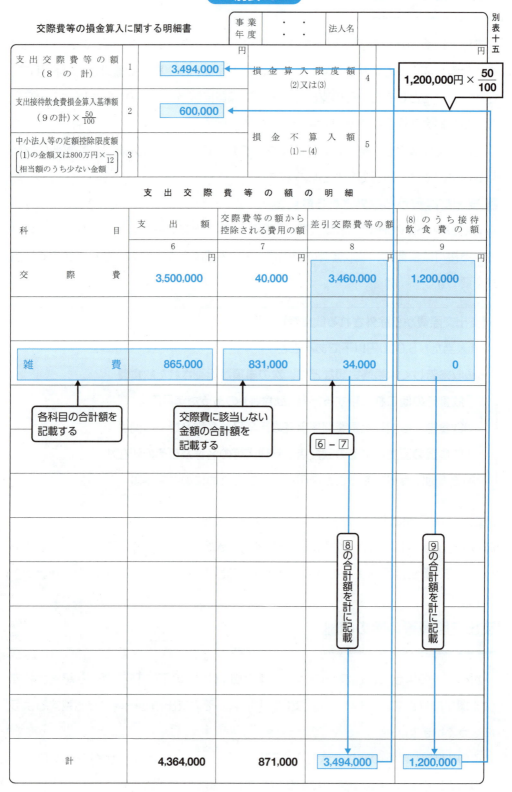

■ 交際費が含まれる勘定科目はすべて記載する

　決算書に計上された各勘定科目の金額のうち、交際費の計算に関係すべき支出額が含まれている場合には、その勘定科目の名称を［科目］の欄に記載し、その計上額を⑥欄に転記してから、法人税上の「支出交際費」に該当しない費用の額を⑦欄［交際費等の額から控除される費用の額］に記載することによって、計算対象から除外する計算をしていきます。

　⑧欄では、⑥欄［支出額］から⑦欄［交際費等の額から控除される費用の額］を差し引いて、支出交際費を算出します。

総勘定元帳を使用してチェックする

　決算書に記載された各勘定科目の金額は、その取引の総額や残額が記載されていますので、その取引の一つひとつの内訳はわかりません。

　そこで、総勘定元帳に記帳された取引の記録をもとにして、支出交際費に該当する支出と該当しない支出に識別して、別表15を作成していきます。

支出交際費になるもの・ならないもの

　交際費とは、「交際費・接待費・機密費・その他の費用で、得意先・仕入先・その他事業に関連する者に対する接待・供応・慰安・贈答・その他これらに類する行為のために支出する費用」をいいます。

　くわしく説明すると、以下のようになります。

❶　交際費・接待費・機密費・その他の費用……

　交際費・接待費・機密費・その他の費用とは、勘定科目や費目にかかわらないという意味です。このうち「機密費」とは、例えば関連各所に口止めをしておきたいような機密事項がある場合の口止め料などが該当します。

❷　得意先・仕入先・その他事業に関連する者に対する……

　その相手先については、得意先・仕入先に限定したものではなく、事業に関連するすべての者が該当します。例えば、工場や支店の視察に来た本社の社長を接待した場合には、その相手先が会社内部の者であっても交際費となります。

　また、株主に対するものであっても同様です。株主総会を円滑に行うために、総会対策費用などを支出した場合にも、その費用は交際費となります。

❸ 接待・供応・慰安・贈答・その他これらに類する……

供応とは酒食をもって供するという意味で、慰安とは観劇や旅行に招待した場合をいいます。その他これらに類するということですから、接待・供応・慰安・贈答に類似するものはすべて交際費となります。

❹ 行為のために支出する費用

「行為のために支出する費用」は、接待や贈答などに直接要した費用だけでなく、間接的に支出した費用も含まれます。例えば贈り物をした場合には、その運送費などの付随費用が含まれますし、接待をした際に生じたタクシー代なども交際費に含まれます。

■ 支出交際費のまとめ

	期末資本金100億円超の大法人	期末資本金100億円以下の大法人	中小法人
年800万円超	課税	課税	課税
年800万円以下	課税	課税	損金
接待飲食費×50%以下	課税	損金	損金
個人的な支出	賞与として課税		

参　考

●グループ法人税制と中小法人の特例について

　平成22年度改正により、グループ法人税制の適用を受ける中小法人で親法人の資本金が5億円以上であるものは、平成22年4月1日開始事業年度より、次に掲げる中小法人の特例が適用できなくなりました。

　　・軽減税率の適用
　　・特定同族会社の特別税率の不適用
　　・貸倒引当金の法定繰入率の適用
　　・交際費等の損金算入における定額控除制度の適用
　　・欠損金の繰戻し還付の適用

●本書で扱う法人の区分け

　本書で扱う法人の種類は、次の5種類の法人で区分されます。なお、それぞれの法人をイメージすると、次の図のようになります。

大　法　人	資本金が1億円超の法人
適用除外事業者	資本金が1億円以下の法人のうち、過去3年分の所得金額の年平均額が15億円を超える法人
中小法人	資本金が1億円以下の法人
非中小法人	グループ法人税制の適用を受ける中小法人で親会社の資本金が5億円以上の法人
中小企業者	資本金が1億円以下の法人で、発行済株式の総数のうちに単一の法人に$\frac{1}{2}$より以上、又は複数の法人により$\frac{2}{3}$以上の株式を所有されていない法人

第 2 章

資産についての処理

- 固定資産
- 減価償却資産
- 繰延資産
- 外国通貨
- 仮想通貨

1 固定資産の取得価額

| 使用する別表 | ▶ 別表4・別表5(1) |

　固定資産を取得した場合には、購入した場合であっても、購入代価の他に購入手数料などの取得経費や据付費、試運転費などの事業供用費を支払います。法人税では、これらの取得経費や事業供用費のうち、一定のものを取得価額として捉えなければなりません。

　なお、会社経理において計上した固定資産の取得価額と、税務上計上すべき取得価額にズレが生じた場合には、別表4において税務調整が必要になり、その差額については別表5(1)にも記載する必要があります。

固定資産の取得価額

　固定資産を購入した場合には、その固定資産を取得するまでに要した取得経費と、取得してから実際に事業供用するまでに要した事業供用費がかかります。

　これらの費用を総称して付随費用といいますが、これらの付随費用については、会社の意思により損金として認められるものと、必ず固定資産の取得価額に算入しなければならないものがあります。

```
                    取得            事業供用
────────────×─────────────×────────────▶
        ｜       ｜         ｜
        └─取得経費─┘└─事業供用費─┘
        └─────付随費用─────┘
```

取得経費

主な取得経費には、次のものがあります。

- 取得資産の引取運賃、荷役費、運送保険料
- 関税、不動産取得税その他の租税公課
- 購入手数料、登録費用
- 固定資産稼働前の借入金利子
- 住民対策費、公害補償費、立退料
- 売り主を接待した費用　など

事業供用費

主な事業供用費には、次のものがあります。

- 改良費
- 埋立て、地盛り、地ならしなどの費用
- 土地購入の際に付随する建物の購入費用や取り壊し費用
- 据付費、試運転費
- 落成、操業開始等の記念費用　など

取得価額に算入しなくてもよい費用

　付随費用のうち取得価額に算入しなくてもよい費用は、会社経理において、損金経理（費用として処理）することができます。

　なお、取得価額に算入しなくてもよい費用とは、具体的に次のものが該当します。

関税以外の 租税公課	・不動産取得税、自動車取得税 ・特別土地保有税のうち土地の取得に対して課されたもの ・新増設にかかる事業所税 ・登録免許税

登記、登録費用	・行政書士や司法書士に支払った手数料 ・その他登記、登録のために要した費用
建設計画変更、契約解除に伴う費用	・建物建設のための調査、測量、設計などの費用のうち、計画変更に伴い不要となった費用 ・契約を解除した場合の違約金など
事後的に支出する費用	・落成、操業開始等の記念費用など、固定資産の取得後に生ずる費用
借入金の利子	・固定資産を取得するために要した借入金の利子でその固定資産稼働前の期間に係るもの

固定資産取得の形態と取得価額

　法人が固定資産を取得する形態には、購入だけでなく、次のようにさまざまな形態があります。なお、それぞれの金額に**その他の付随費用**があれば、それを**加算した金額**が、法人税法上の**取得価額**になります。

取得の形態	取　得　価　額
購入した場合	購入 + 取得経費 + 事業供用費
自己で建設、製作した場合	建設等のために要した原材料費、労務費及び経費の額
自己で育てた牛馬等	購入代価または種付費、出産費、飼料費、労務費及び経費の額
自己で育てた果樹等	購入代価または種苗費、肥料費、労務費及び経費の額
贈与または交換などによる場合	取得時の時価 + 事業供用費
高額または低額による購入資産の場合	公正な取引条件でされたものとした場合の時価 + 事業供用費

取得価額に算入すべき費用を費用処理していた場合の別表の書き方

　固定資産を取得したときに付随する費用のうち、取得価額に算入しなければならない費用を会社が費用処理していた場合には、固定資産の取得価額は、貸借対照表に計上された金額と、税務上捉えるべき金額とにズレが生じます。また、損益計算書上の当期利益も本来の金額よりも少なくなっていますので、別表4における税務調整が必要になります。

前提

> 土地の購入代価：**50,000,000円**
> 付随費用（取得価額に算入すべき費用）：**2,000,000円**
> 付随費用（費用計上が認められる費用）：**1,000,000円**

【会社の仕訳】

　　（土　地）50,000,000円　　　（現金預金）50,000,000円

　　（費　用）　3,000,000円　　　（現金預金）　3,000,000円

別表4：所得の金額の計算に関する明細書

　上記仕訳を計上する前の会計上の利益が仮に7,000,000円だったとした場合、上記の仕訳を計上することによって、会計上の利益は4,000,000円になっています。

　ところが、費用に計上した3,000,000円のうち、2,000,000円については、税務上は費用ではなく取得価額として認識すべき支出額ですので、税務上の利益は6,000,000円になるはずです。

　そこで、その差額（2,000,000円）は、別表4で加算調整をします。

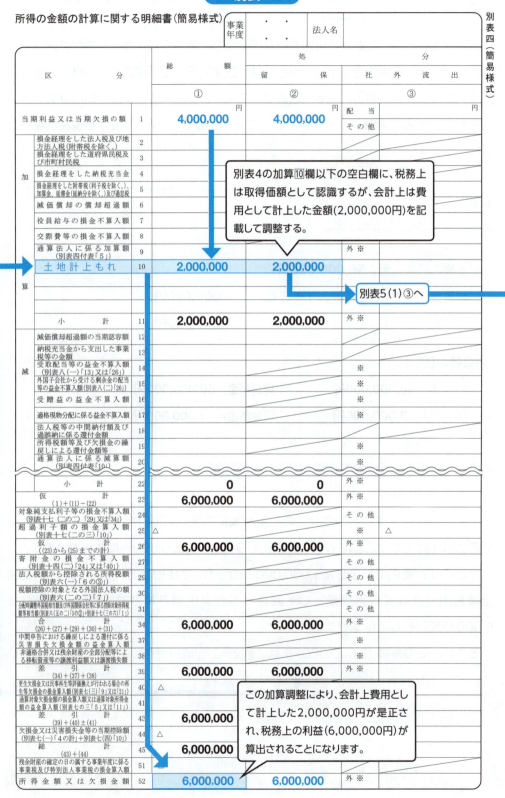

別表5(1)Ⅰ：利益積立金額の計算に関する明細書

　税務上、取得価額に算入すべき費用（2,000,000円）を会社が費用計上すると、会計上の土地の取得価額は50,000,000円として貸借対照表に計上されてしまいます。しかし、税務上の本来の取得価額は52,000,000円ですので、両者の土地の取得価額は一致しないことになります。

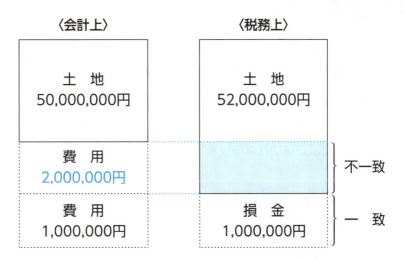

　そこで、両者の不一致となっている部分（2,000,000円）を別表上で捉える必要がありますので、別表5(1)にその金額を記載します。このとき、前ページの別表4では、別表5(1)に連動させるための記載である[留保]②欄に記載することにも注意しなければなりません。下記の別表5(1)では、③から㉔欄のいずれかの欄を使用して、[当期の増減・増]③欄に記載します。

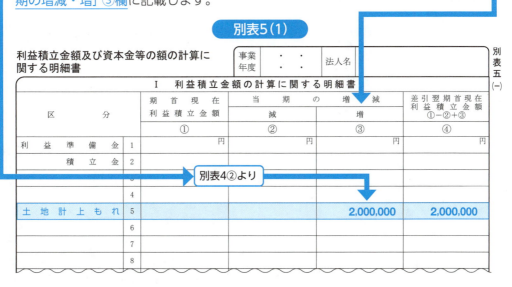

2 減価償却資産を事業供用している場合

| 使用する別表 | ▶ 別表16(2)・別表4・別表5(1) |

　当期において事業供用している減価償却資産は、会計上損金経理した金額のうち、税務上の償却限度額に達するまでの金額が損金として認められます。

　この償却限度額の計算は税務上認められた償却方法により計算しますが、償却限度額を超える金額を会社が損金経理している場合には、その超える部分の金額は、別表4において加算調整しなければなりません。

償却限度額と会社償却費との関係

■ 償却超過は加算調整

　例えば、次ページ上図のように、会計上減価償却費として損金経理した金額（会社償却費400,000円）が、税務計算における償却限度額（償却限度額370,000円）を超える場合には、その超える部分の金額（償却超過額30,000円）は税務上損金として認められず、別表4で加算調整しなければなりません。

　この場合の別表4は、加算⑥欄［減価償却の償却超過額］に記載します。

会社償却費 > 償却限度額　の場合

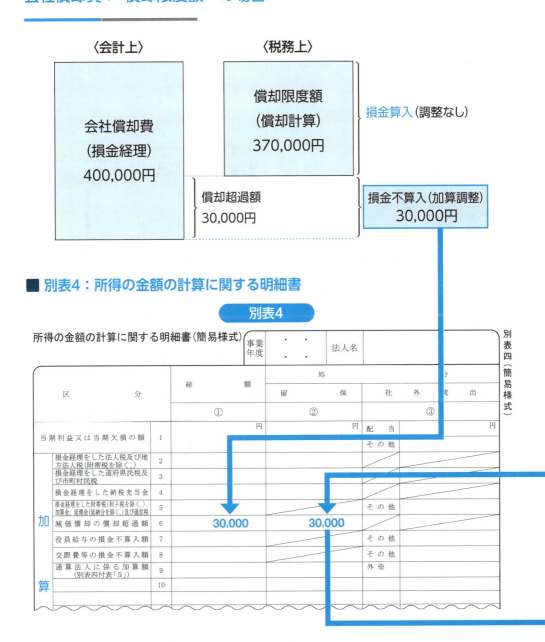

■ 別表5(1)Ⅰ：利益積立金額の計算に関する明細書

　ここで、その対象となった減価償却資産の帳簿価額について考察すると、次ページの図のように減価償却資産の取得価額を仮に925,000円として減価償却した場合、会計上の資産の減価償却後の帳簿価額525,000円は税務上の帳簿価額555,000円よりも少なくなってしまいます。そこで、別表5(1)においても、そのズレ部分（30,000円）を記載して調整しなければなりません。

そのため、前ページの別表4の調整項目は、別表5(1)に連動させるための記載である②欄[留保]に記載することにも注意しなければなりません。

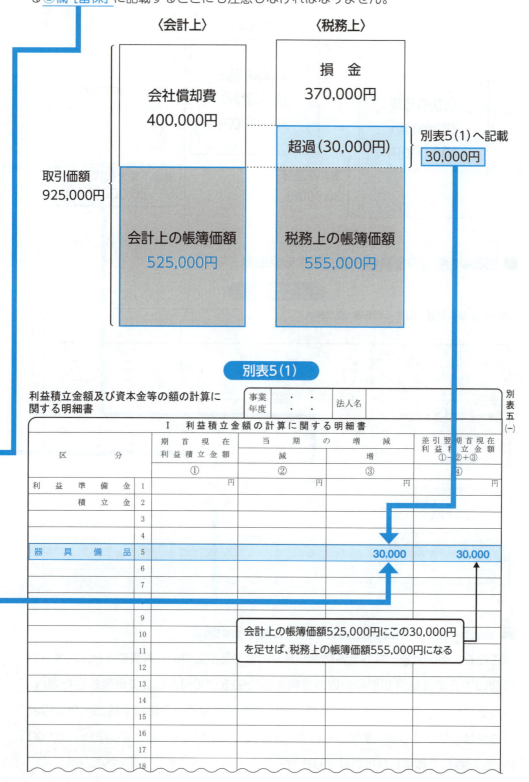

■ 別表16(2)：減価償却資産の償却額の計算に関する明細書

減価償却の計算に関しては、別表16の記載が必ず必要になります。

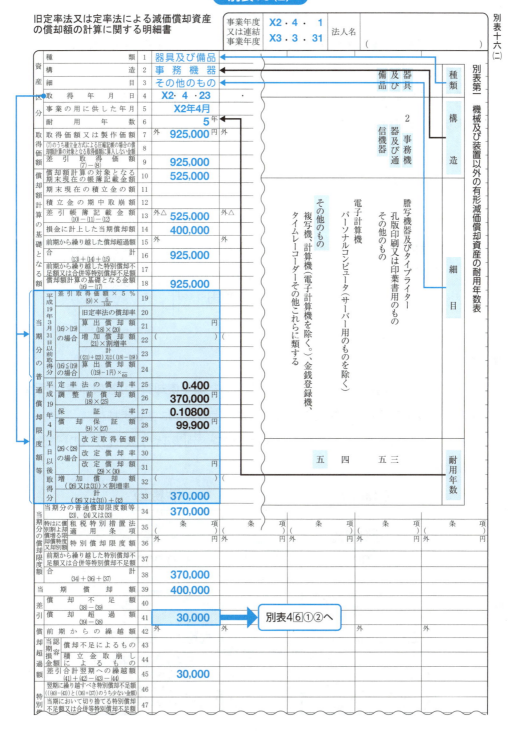

会社償却費 < 償却限度額の場合

■ 償却不足は切捨てとなる

　前ページの例とは逆に、会計上減価償却費として損金経理した金額(会社償却費)が税務上の償却限度額に達しない場合には、その計上額の全額が損金として認められますが、差額の償却不足額に相当する部分については、税務調整により損金算入することはできません。

　この償却不足額に関しては、結果的に翌期以降に損金算入できる機会を見送ることになりますが、その不足額を翌事業年度にプラスして償却するようなことはできません。

■ 別表上の調整

　償却不足が生じる場合には、会計上損金経理した減価償却費（会社償却費）が税務上の損金となりますので、結果的に会計上と税務上のズレは生じません。

　したがって、税務調整する金額はありませんので、別表4や別表5(1)への記載は必要ありません。

別表16(2)

旧定率法又は定率法による減価償却資産の償却額の計算に関する明細書

| 事業年度又は連結事業年度 | X2・4・1 〜 X3・3・31 | 法人名 | （　　　　） |

別表十六(二)

資産区分								
	種類	1						
	構造	2						
	細目	3						
	取得年月日	4	X2・2・23	・・	・・	・・	・・	
	事業の用に供した年月	5	X2年4月					
	耐用年数	6	年	年	年	年	年	
取得価額	取得価額又は製作価額	7	外 925,000 円	外 円	外 円	外 円	外 円	
	(7)のうち積立金方式による圧縮記帳の場合の償却計算の対象となる取得価額に算入しない金額	8						
	差引取得価額 (7)-(8)	9	925,000					
償却額計算の基礎となる額	償却額計算の対象となる期末現在の帳簿記載金額	10	575,000 ← 会計上の期末帳簿価額を記載する					
	期末現在の積立金の額	11						
	積立金の期中取崩額	12						
	差引帳簿記載金額 (10)-(11)-(12)	13	外△ 575,000	外△	外△	外△	外△	
	損金に計上した当期償却額	14	350,000 ← 会計上の減価償却費を記載する					
	前期から繰り越した償却超過額	15	外	外			外	
	合計 (13)+(14)+(15)	16	925,000					
	前期から繰り越した特別償却不足額又は合併等特別償却不足額	17						
	償却額計算の基礎となる金額 (16)-(17)	18	925,000					
当期分の普通償却限度額等	平成19年3月31日以前取得分	(16)>(19)の場合	差引取得価額×5% (9)×5/100	19					
			旧定率法の償却率	20					
			算出償却額 (18)×(20)	21	円	円	円	円	円
			増加償却額 (21)×割増率	22	(　)	(　)	(　)	(　)	(　)
			計 (21)+(22)又は(18)-(19)	23					
		(16)≦(19)の場合	算出償却額 ((19)-1円)×12/60	24					
	平成19年4月1日以後取得分	定率法の償却率		25	0.400				
		調整前償却額 (18)×(25)		26	370,000 円	円	円	円	円
		保証率		27	0.10800				
		償却保証額 (9)×(27)		28	99,900 円	円	円	円	円
		(26)<(28)の場合	改定取得価額	29					
			改定償却率	30					
			改定償却額 (29)×(30)	31	円	円	円	円	円
		増加償却額 ((26)又は(31))×割増率		32	(　) 370,000	(　)	(　)	(　)	(　)
		計 ((26)又は(31))+(32)		33	370,000				
	当期分の普通償却限度額等 (23)、(24)又は(33)			34					
当期分の償却限度額	特別償却又は割増償却	租税特別措置法適用条項		35	(　条　項)	(　条　項)	(　条　項)	(　条　項)	(　条　項)
		特別償却限度額		36	外 円	外 円	外 円	外 円	外 円
	前期から繰り越した特別償却不足額又は合併等特別償却不足額			37					
	合計 (34)+(36)+(37)			38	370,000				
	当期償却額			39	350,000				
差引	償却不足額 (38)-(39)			40	20,000 ← 償却不足額を記載する				
	償却超過額 (39)-(38)			41					
償却超過額	前期からの繰越額			42	外	外			外
	当期損金認容額	償却不足によるもの		43					
		積立金取崩しによるもの		44					
	差引合計翌期への繰越額 (41)+(42)-(43)-(44)			45					
特別償却不足額	翌期に繰り越すべき特別償却不足額 (((40)-(43))と((36)+(37))のうち少ない金額)			46					
	当期において切り捨てる特別償却不足額又は合併等特別償却不足額			47					
	差引翌期への繰越額 (46)-(47)			48					
	翌越期額への内	・・・		49					
		当期分不足額		50					

前期以前に生じた繰越償却超過額を消す方法

■ 償却超過額は翌事業年度に繰越償却超過額となる

　115ページで生じた償却超過額（30,000円）は、会計上損金経理した金額が税務上の償却限度額を超えていたため、その事業年度の損金として認められませんでした。そして、その金額は同時に会計上の帳簿価額と税務上の帳簿価額のズレとして認識するために、別表5(1)にも記録されています。この別表5(1)に記録された償却超過額は、今後の減価償却計算でも使用するために、翌事業年度以降は、繰越償却超過額として繰り越されるようになります。

■ 繰越償却超過額は損金経理額として認識される

　超過した事業年度では損金算入が認められなかった繰越償却超過額は、翌事業年度以降においては、会計上減価償却費として損金経理した金額（会社償却費）にプラスすることができます。つまり、「損金経理額」の一部として認識され、再び損金算入する機会が与えられます。

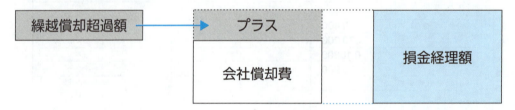

■ 限度額以下であれば認容（損金算入）できる

　繰越償却超過額と会社償却費の合計額である「損金経理額」が税務上の償却限度額の範囲内である場合には、その繰越償却超過額に相当する金額は「減価償却超過額の当期認容額」として別表4で減算調整（損金算入）することができます。

■ **税務上の限度額は同じ**

　しかし、この認容額はあくまでも会社償却費にプラスして「損金経理額」として認識することができるようになるというだけで、税務上の償却限度額が増えるわけではありませんので、注意が必要です。

　当期の損金算入額は、あくまでも当期分の税務上の償却限度額がその範囲内となりますので、会計処理によって計上した減価償却費と別表4上において減算調整する認容額はその合計額が税務上の償却限度額以下の金額であることがその条件となります。

■ **会社償却費を減らせば繰越償却超過額が消去できる**

　つまり、前期以前に損金算入が認められなかった繰越償却超過額がある場合には、通常の税務上の償却限度額（222,000円）からその繰越償却超過額（30,000円）を差し引いた金額（192,000円）を、当期分の会社償却費として損金経理することによって、前期以前から繰り越された繰越償却超過額を当期に損金算入することができるようになります。

　繰越償却超過額が損金として認められた場合には、翌事業年度以降に繰り越される繰越償却超過額は、その時点でなくなります。

■ **償却限度額と繰越償却超過額との関係**

■ 別表4：所得の金額の計算に関する明細書

別表4では、減算⑫欄［減価償却超過額の当期認容額］の①［総額］、②［留保］に減算調整する繰越償却超過額を記載します。

この②［留保］に記載することによって、別表5(1)へ連動する記載となることに注意してください。

別表4

所得の金額の計算に関する明細書（簡易様式）　事業年度 X3・4・1～X4・3・31　法人名

別表四（簡易様式）

区　分		総　額	処　　分		
			留　保	社　外　流　出	
		①	②	③	
当期利益又は当期欠損の額	1	円	円	配当	円
				その他	
損金経理をした法人税及び地方法人税（附帯税を除く。）	2				
損金経理をした道府県民税及び市町村民税	3				
損金経理をした納税充当金	4				
損金経理をした附帯税（利子税を除く。）、加算金、延滞金（延納分を除く。）及び過怠税	5			その他	
減価償却の償却超過額	6				
役員給与の損金不算入額	7			その他	
交際費等の損金不算入額	8			その他	
通算法人に係る加算額（別表四付表「5」）	9			外※	
	10				
加算 小　計	11			外※	
減価償却超過額の当期認容額	12	30,000	30,000		
納税充当金から支出した事業税等の金額	13				
受取配当等の益金不算入額（別表八(一)「13」又は「26」）	14			※	
外国子会社から受ける剰余金の配当等の益金不算入額（別表八(二)「26」）	15			※	
受贈益の益金不算入額	16				
適格現物分配に係る益金不算入額	17			※	
法人税等の中間納付額及び過誤納に係る還付金額	18				
所得税額等及び欠損金の繰戻しによる還付金額等	19			※	
通算法人に係る減算額（別表四付表「10」）	20			※	
	21				
減算 小　計	22			外※	
仮　計　(1)+(11)-(22)	23			外※	
対象純支払利子等の損金不算入額（別表十七(二の二)「29」又は「34」）	24			その他	
超過利子額の損金算入額（別表十七(二の三)「10」）	25	△		※	△
仮　計　((23)から(25)までの計)	26			外※	
寄附金の損金不算入額（別表十四(二)「24」又は「40」）	27			その他	
法人税額から控除される所得税額（別表六(一)「6の③」）	29			その他	
税額控除の対象となる外国法人税の額	30			その他	

→ 別表5(1)②へ

別表5(1) I：利益積立金額の計算に関する明細書

前期以前から繰り越された償却超過額は、①欄［期首現在利益積立金額］に記載します。この金額は、前期の別表5(1)の④欄に記載した金額をそのまま転記します。

そして、当期の別表4により12②欄［留保］（前ページ）で減算された金額を別表5(1)②［当期の増減・減］に記載することで、この繰越償却超過額は結果的に消去されることになります。

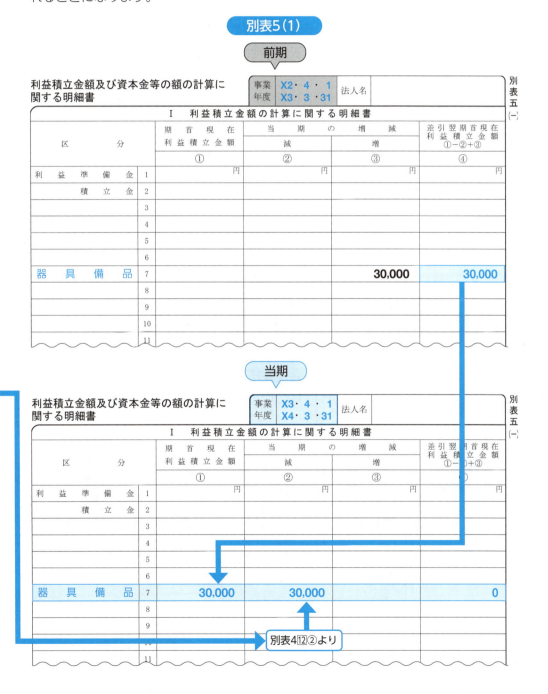

■ 別表16(2)：減価償却資産の償却額の計算に関する明細書

税務上の償却限度額（222,000円）は㉞欄［当期分の普通償却限度額等］に記載します。そして、その金額から前期以前から繰り越された償却超過額30,000円を差し引いた金額192,000円を㊴欄に記載します。

この記載金額は当期の決算整理仕訳において、次のように経理処理されていることが前提となります。

　　　（減価償却費）**192,000円**　　　（器具備品）**192,000円**

このように経理処理することによって、結果的に㊵欄［償却不足額］に30,000円が記載されるようになります。

次に、㊷欄［前期からの繰越額］に前期から繰り越された償却超過額30,000円を記載します。このとき、この欄へ記載する金額は、当期の別表5(1)の①欄(前ページ参照)において記載された金額と同額になることに注意してください。

税務上の償却計算の基礎となる額（⑩欄から⑱欄）は、会計上の期末現在帳簿価額⑩⑬欄（333,000円）、当期の会社償却費⑭欄（192,000円）、繰越償却超過額⑮欄（30,000円）を合計した555,000円となります。

〈税務上〉

繰越償却超過額 30,000円	別表5(1)①	当期認容額 30,000円	別表5(1)① 別表4⑫	税務上の償却限度額 222,000円
会計上の期首現在帳簿価額 525,000円	貸借対照表	会社償却費 192,000円		
		会計上の期末現在帳簿価額 333,000円	←一致→	税務上の期末現在帳簿価額 333,000円

別表16(2)

旧定率法又は定率法による減価償却資産の償却額の計算に関する明細書

事業年度又は連結事業年度: X3・4・1 ～ X4・3・31

法人名: （　　　　）

資産区分	種類	1		
	構造	2		
	細目	3		
	取得年月日	4	X2・2・23	
	事業の用に供した年月	5	X2年2月	
	耐用年数	6	年	
取得価額	取得価額又は製作価額	7	外 925,000 円	
	(7)のうち積立金方式による圧縮記帳の場合の償却額計算の対象となる取得価額に算入しない金額	8		
	差引取得価額 (7)－(8)	9	925,000	
償却額計算の基礎となる額	償却額計算の対象となる期末現在の帳簿記載金額	10	333,000	
	期末現在の積立金の額	11		
	積立金の期中取崩額	12		
	差引帳簿記載金額 (10)－(11)－(12)	13	外△ 333,000	外△
	損金に計上した当期償却額	14	192,000 ← 会計上の減価償却費	
	前期から繰り越した償却超過額	15	外 30,000 ← 別表5(1)①	
	合計 (13)＋(14)＋(15)	16	555,000	
	前期から繰り越した特別償却不足額又は合併等特別償却不足額	17		
	償却額計算の基礎となる金額 (16)－(17)	18	555,000	
当期分の普通償却限度額等	平成19年3月31日以前取得分	差引取得価額×5％ (9)×5/100	19	
		旧定率法の償却率	20	
	(16)＞(19)の場合	算出償却額 (18)×(20)	21	円
		増加償却額 (21)×割増率	22	( )
		計 (21)＋(22)又は(18)－(19)	23	
	(16)≦(19)の場合	算出償却額 ((19)－1円)×1/60	24	
	平成19年4月1日以後取得分	定率法の償却率	25	0.400
		調整前償却額 (18)×(25)	26	222,000 円
		保証率	27	0.10800
		償却保証額 (9)×(27)	28	99,900 円
	(26)＜(28)の場合	改定取得価額	29	
		改定償却率	30	
		改定償却額 (29)×(30)	31	円
		増加償却額 ((26)又は(31))×割増率	32	( )
		計 ((26)又は(31))＋(32)	33	
当期分の償却限度額	当期分の普通償却限度額等 (23)、(24)又は(33)	34	222,000 ← 税務上の償却限度額	
	特別償却限度額	租税特別措置法適用条項	35	(条 項)
		特別償却限度額	36	外 円
	前期から繰り越した特別償却不足額又は合併等特別償却不足額	37		
	合計 (34)＋(36)＋(37)	38		
差引	当期償却額	39	192,000 ← 会計上の減価償却費	
	償却不足額 (38)－(39)	40	-30,000	
	償却超過額 (39)－(38)	41		
償却超過額	前期からの繰越額	42	外 30,000 ← 別表5(1)①	
	当期認容額	償却不足によるもの	43	30,000 ← 別表5(1)②
		積立金取崩しによるもの	44	
	差引合計翌期への繰越額 (41)＋(42)－(43)－(44)	45	0 ← 別表5(1)④	
特別償却不足額	翌期に繰り越すべき特別償却不足額 (((40)－(43))と((36)＋(37))のうち少ない金額)	46		
	当期において切り捨てる特別償却不足額又は合併等特別償却不足額	47		
	差引翌期への繰越額 (46)－(47)	48		
	翌越額への内訳	・・	49	
	当期分不足額	50		

3 少額な減価償却資産の経理処理

使用する別表 ▶ 別表16(7)・別表16(8)・別表4・別表5(1)

　取得価額が30万円未満の減価償却資産については、その全額を損金経理する方法、3年で均等償却する方法（取得価額が20万円未満の場合）、通常償却する方法が選択できます。

　ここではそれらの選択肢の説明と、必要な経理方法、各別表の書き方について説明します。

少額の減価償却資産の特例

　取得価額が10万円未満の減価償却資産（貸付用のものを除きます。）を事業供用した場合には、その事業供用した事業年度において、その取得価額の全額を損金経理することを要件に、その損金経理した金額が損金として認められます。

　この特例の適用にあたっては、全額を損金経理することが要件となっているのみですので、それを満たしていれば、別表などの記載は必要ありません。

少額減価償却資産の特例

　取得価額が30万円未満の減価償却資産（貸付用のものを除きます。）を事業供用した場合には、その事業供用した事業年度において、その取得価額の全額を損金経理することを要件に、その損金経理した金額が損金として認められます。

この特例の適用にあたっては、上記の少額の減価償却資産の特例(10万円未満の場合)と同様に、全額を損金経理することが要件となっています。

しかし、この特例が適用できる法人は、青色申告書を提出する中小企業者に限定されており、また適用資産は、合計で年300万円までとなっています。

> **中小企業者**
> 資本金が1億円以下の法人で、発行済株式の総数のうちに単一の大法人（資本金1億円超）により$\frac{1}{2}$以上、又は複数の大法人により$\frac{2}{3}$以上の株式を所有されていない法人をいいます（105ページ参照）。

また、この特例の適用を受ける場合には、金額要件と経理要件のほかに、別表16(7)を記載することが必要になります。

■ この特例の適用を受けるための要件

- 当期に青色申告書を提出すること
- 当社が中小企業者であること
- 適用資産の合計額が年300万円以下であること
- 別表16(7)を記載して添付すること

■ 別表16(7)：少額減価償却資産の取得価額の損金算入の特例に関する明細書

① 資産区分（1欄から4欄）

この欄への記載の留意点は、他の別表16の記載と同様です。

② 取得価額（5欄から7欄）

この規定の適用を受ける30万円未満の減価償却資産の取得価額を記載します。この取得価額は、付随費用があればそれを加算した金額になりますので注意が必要です。

また、ここに記載する資産の取得価額は、その全額を会計上損金経理しておく必要があります。

③ 当期の少額減価償却資産の取得価額の合計額（⑧欄）

　この別表16(7)に記載した減価償却資産の一の金額の合計額を⑧欄へ記載します。この合計額が300万円を超えないように、適用資産を選択しなければなりません。

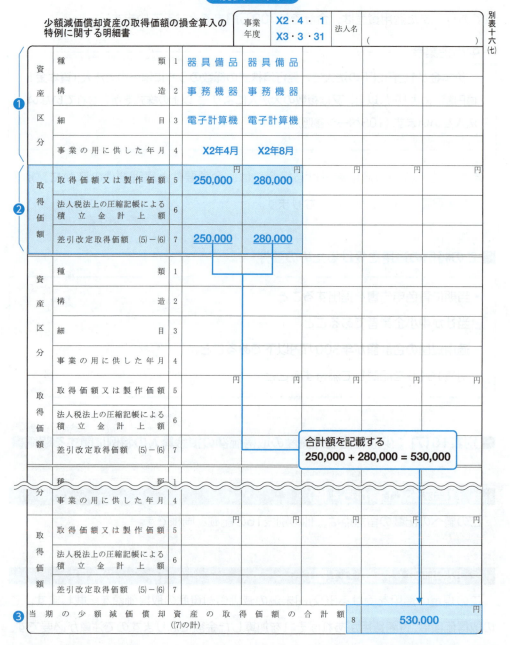

一括償却資産の特例

　取得価額が20万円未満の減価償却資産（貸付用のものを除きます。）を事業供用し、一括償却資産として認識した場合には、一定の償却限度額の範囲内で損金経理した金額は税務上の損金として認められます。

　一括償却資産は20万円未満の資産を取得事業年度ごとに一括して償却計算しますが、償却期間を3年で均等償却することができますので、耐用年数が4年以上の減価償却資産であれば、損金算入できる金額は通常の償却を選択するよりも一括償却を選択したほうが多くなります。

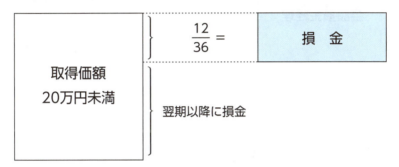

　ただし、当社が青色申告書を提出する中小企業者である場合には、少額減価償却資産の特例（取得価額が30万円未満の減価償却資産）を適用するほうが、損金算入される金額は多くなりますので注意が必要です。

償却限度額の計算

$$一括償却対象額 \times \frac{その事業年度の月数（12）}{36} = 償却限度額$$

処理方法と記載のしかた

　一括償却資産の処理方法には、次の2通りの方法があります。それぞれの処理方法によって、別表16（8）の記載方法も変わります。

① 一括償却対象額の全額を損金経理する方法

　この処理方法は、対象資産の取得時にその支出額の全額を費用計上し、支出事業年度において、損金として認められる金額以外の金額を償却超過額として、翌事業年度以降に繰り越す処理方法です。

```
取得価額        }  12
180,000円          ――  =  損金 60,000円
全額損金経理   }  36
                 残　額      償却超過額
                             120,000円
                             別表4で加算
```

■ 初年度の別表

○別表16（8）：一括償却資産の損金算入に関する明細書

　②欄［同上の事業年度又は連結事業年度において事業の用に供した一括償却資産の取得価額の合計額］には、一括償却対象額180,000円（当期に取得した減価償却資産のうち、一括償却資産として認識したい資産の取得価額の合計額）を記載します。

　③欄［当期の月数］には、当期の事業年度の月数を記載します。通常は「12」を記載します。

　④欄［当期分の損金算入限度額］には、前ページの算式で計算した当期の償却限度額60,000円を記載します。

$$180,000 \times \frac{12}{36} = 60,000円$$

　⑤欄［当期損金経理額］には、当期に損金経理をした金額を記載しますので、今回の事例の場合は、その一括償却対象額の全額（180,000円）を記載します。

　⑦欄［損金算入限度超過額］には、翌期に繰り越す償却超過額120,000円を記載します。そして、その金額を⑩欄［翌期への繰越額］へ転記します。

別表16(8)

一括償却資産の損金算入に関する明細書

事業年度又は連結事業年度：X2・4・1 〜 X3・3・31
法人名：（　）

事業の用に供した事業年度又は連結事業年度	1	・・	・・	・・	・・	・・	（当期分）
同上の事業年度又は連結事業年度において事業の用に供した一括償却資産の取得価額の合計額	2	円	円	円	円	円	円 180,000
当期の月数（事業の用に供した事業年度の中間申告又は連結事業年度の連結中間申告の場合は、当該事業年度又は連結事業年度の月数）	3	月	月	月	月	月	月 12
当期分の損金算入限度額 (2)×(3)/36	4	円	円		円	円	60,000
当期損金経理額	5						180,000
差引 損金算入不足額 (4)-(5)	6						
差引 損金算入限度超過額 (5)-(4)	7						120,000
損金算入限度超過額 前期からの繰越額	8						
損金算入限度超過額 同上のうち当期損金認容額（(6)と(8)のうち少ない金額）	9						
損金算入限度超過額 翌期への繰越額 (7)+(8)-(9)	10						120,000

- 4の計算: $180{,}000 \times \dfrac{12}{36}$ → 60,000
- 7の計算: $180{,}000 - 60{,}000$ → 120,000
- 別表4で加算調整
- 翌期の別表16(8)⑧へ

○別表4:所得の金額の計算に関する明細書
○別表5(1)Ⅰ:利益積立金額の計算に関する明細書

　当期において税務上の損金として認められる金額は、償却限度額の60,000円部分のみとなりますので、全額損金経理した金額(180,000円)のうち、120,000円の超過額部分については、別表4で加算調整します。なお、加算調整した金額(120,000円)は本来資産計上すべき金額として認識されますので、別表5(1)への記載も必要になります。

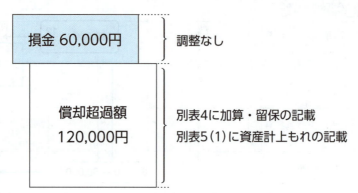

　このとき、別表4では、別表5(1)へ連動させるための記載である②欄[留保]への記載が必要ですので、注意が必要です。

　また、別表5(1)への記載については、[区分]欄において、当期の一括償却資産についての計上もれであることがわかるような名称を付しておきます。

別表4

所得の金額の計算に関する明細書(簡易様式)　事業年度 X2・4・1 ～ X3・3・31　法人名

区　分		総　額 ①	処　分	
			留　保 ②	社外流出 ③
		円	円	円
当期利益又は当期欠損の額	1			配当
				その他
加算	損金経理をした法人税及び地方法人税(附帯税を除く。)	2		
	損金経理をした道府県民税及び市町村民税	3		
	損金経理をした納税充当金	4		
	損金経理をした附帯税(利子税を除く。)、加算金、延滞金(延納分を除く。)及び過怠税	5		その他
	減価償却の償却超過額	6	別表16(8)⑦より	
	役員給与の損金不算入額	7		その他
	交際費等の損金不算入額	8		その他
	通算法人に係る加算額(別表四付表「5」)	9		外※
	一括償却超過額	10	**120,000**	**120,000**
	小　計	11		外※
減	減価償却超過額の当期認容額	12		
	納税充当金から支出した事業税等の金額	13		
	受取配当等の益金不算入額(別表八(一)「13」又は「26」)	14		※
	外国子会社から受ける剰余金の配当等の益金不算入額(別表八(二)「26」)	15		※

別表5(1)

利益積立金額及び資本金等の額の計算に関する明細書　事業年度 X2・4・1 ～ X3・3・31　法人名

I　利益積立金額の計算に関する明細書

区　分		期首現在利益積立金額 ①	当期の増減		差引翌期首現在利益積立金額 ①－②+③ ④
			減 ②	増 ③	
		円	円	円	円
利益準備金	1				
積立金	2				
	3				
X3年分一括償却資産	4			**120,000**	**120,000**
	5				
	6				
	7				
	8				
	9				
	10				
	11				
	12				
	13				
	14				

■ 翌事業年度の別表

○別表16（8）：一括償却資産の損金算入に関する明細書

　取得事業年度において全額損金経理した一括償却資産の償却計算は、前期の調整において償却超過額として繰り越された金額のうち、当期の償却限度額相当額を損金として認識する調整をします。

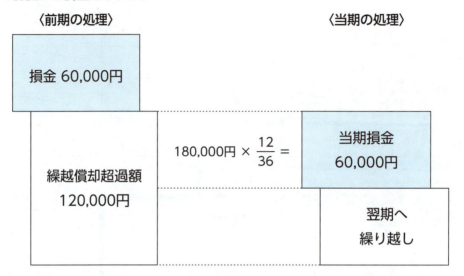

　別表16（8）の記載については、［（当期分）］の1つ左側の欄を使用して、次ページのように記載します。

　このとき、①欄［事業の用に供した事業年度又は連結事業年度］には、前期の事業年度を記載します。

　②欄から④欄へ記載する金額や数字は、前期に記載した金額と同じものを記載します。

　⑤欄［当期損金経理額］は、会計上損金経理した金額はありませんので、0円を記載してください。そうすることによって、結果的に⑥欄［損金算入不足額］には60,000円（60,000円−0円）が記載されることになりますので、その金額を記載します。

　⑧欄［前期からの繰越額］には、前期の別表16（8）の⑩に記載した金額（120,000円）を記載します。また同時に、この金額は当期の別表5（1）の①欄に記載した金額と同額になります。

　⑨欄［同上のうち当期損金認容額］には、⑥欄［損金算入不足額］60,000円と⑧欄［前期からの繰越額］120,000円のうち、いずれか少ない金額として60,000円（60,000円＜120,000円）を記載します。この金額を別表4において減算調整することによって、60,000円を当期の税務上の損金として認識します。

⑩欄[翌期への繰越額]に繰越償却超過額の残額60,000円を記載します。

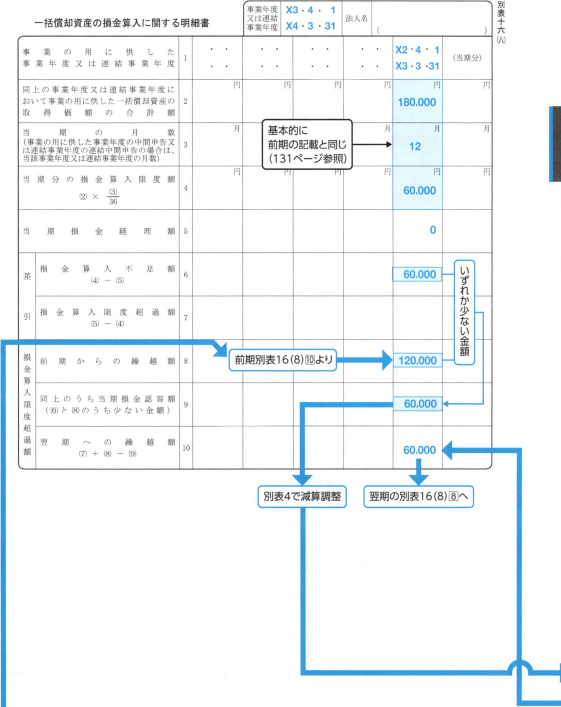

○別表4：所得の金額の計算に関する明細書

　前ページの別表16(8) ⑨欄［同上のうち当期損金認容額］60,000円は、別表4において減算・留保の申告調整をします。これは、前期に損金経理し償却超過額として加算調整した金額のうち、当期の償却限度額に達するまでの金額を当期の損金として認識する調整になります。

　この調整は、別表5(1)に連動させるために②欄［留保］へ記載しなければなりません。

〈1年目の処理〉　　〈2年目の処理〉　　〈3年目の処理〉

1年目	2年目	3年目
損金・損金経理		
繰越償却超過額 別表4・加算	損金・損金経理 別表4・減算	
	繰越償却超過額	損金・申告調整 別表4・減算

○別表5(1)Ⅰ：利益積立金額の計算に関する明細書

　前期から繰り越された繰越償却超過額120,000円は、①欄［期首現在利益積立金額］に記載します。そして、その繰り越された償却超過額のうち、当期の認容額60,000円（別表4において減算・留保として申告調整した金額）を②欄［減］に記載します。

　このとき、④欄［差引翌期首現在利益積立金額］に記載される金額60,000円は、前ページの別表16(8)の⑩欄［翌期への繰越額］と同額になりますので、注意が必要です。

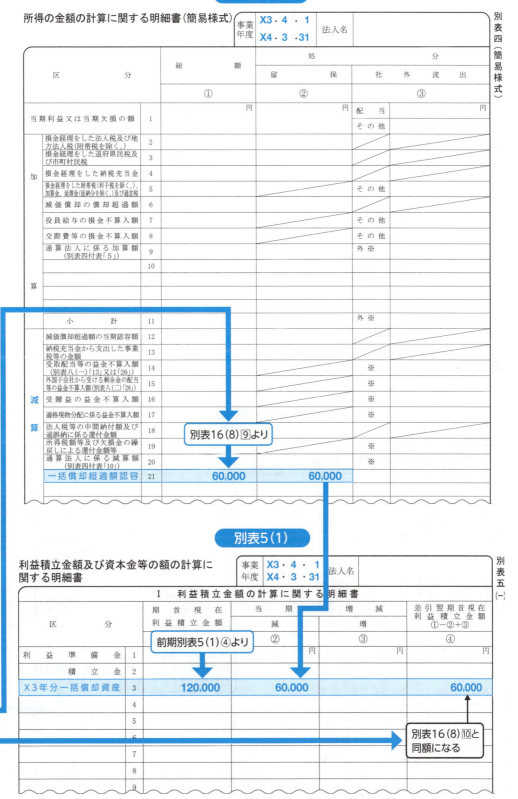

② 一括償却対象額を資産計上する方法

　この処理方法は、対象資産の取得時にその支出額を資産計上し、決算整理において、減価償却費を計上する処理方法です。

　資産計上をするときには、他の減価償却資産と同様に「器具備品」などの勘定科目を用いても構いませんが、「一括償却資産」という勘定科目によって計上すると、その後の管理がしやすくなります。

取得価額 180,000円 資産計上（貸借対照表） × 12/36 = 減価償却費 60,000円

残額 = 資産計上（貸借対照表）

■ 取得初年度の別表

○別表16（8）：一括償却資産の損金算入に関する明細書

別表16（8）

一括償却資産の損金算入に関する明細書		事業年度又は連結事業年度 X2・4・1 X3・3・31	法人名					（当期分）
事業の用に供した事業年度又は連結事業年度	1	・・ ・・	・・ ・・	・・ ・・	・・ ・・	・・ ・・	・・ ・・	
同上の事業年度又は連結事業年度において事業の用に供した一括償却資産の取得価額の合計額	2	円	円	円	円	円	円	円 180,000
当期の月数（事業の用に供した事業年度の中間申告又は連結事業年度の連結中間申告の場合は、当該事業年度又は連結事業年度の月数）	3	月	月	月	月	月	月	月 12
当期分の損金算入限度額 (2) × (3)/36	4	円	円	円	円	円	円	円 60,000
当期損金経理額	5							60,000
差引 損金算入不足額 (4) − (5)	6							
損金算入限度超過額 (5) − (4)	7							

当期に償却費として損金整理した金額を記載する

■ 翌事業年度の別表

○別表16(8)：一括償却資産の損金算入に関する明細書

取得事業年度において資産計上した一括償却資産の償却計算は、毎年の決算整理において、減価償却費などとして損金経理することによって、税務上の損金を認識します。

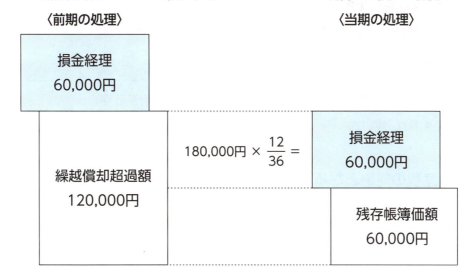

別表16(8)

一括償却資産の損金算入に関する明細書		事業年度 又は連結 事業年度	X3・4・1 X4・3・31	法人名	(	)	別表十六(八)
事業の用に供した 事業年度又は連結事業年度	1	・・ ・・	・・ ・・	・・ ・・	X2・4・1 X3・3・31	(当期分)	
同上の事業年度又は連結事業年度において事業の用に供した一括償却資産の取得価額の合計額	2	円	円	円	円 180,000	円	
当期の月数 (事業の用に供した事業年度の中間申告又は連結事業年度の連結中間申告の場合は、当該事業年度又は連結事業年度の月数)	3	月	月	月	月 12	月	
当期分の損金算入限度額 $(2) \times \frac{(3)}{36}$	4	円	円	円	円 60,000	円	
当期損金経理額	5				60,000		
差引	損金算入不足額 (4) − (5)	6						
	損金算入限度超過額 (5) − (4)	7						
損金算入限度	前期からの繰越額	8						
	同上のうち当期損金認容額 ((6)と(8)のうち少ない金額)	9						

当期に償却費として損金整理した金額を記載する → 60,000

前期分の記載と同じ

少額な減価償却資産の特例適用のまとめ

少額な減価償却資産の特例適用は、次の3種類の方法から選択することになります。

- 全額を損金経理する方法(10万円未満・30万円未満)
- 一括償却資産として処理する方法(20万円未満)
- 通常の減価償却による方法

このとき、30万円未満の少額減価償却資産の特例を適用する場合には、下記のように特に注意が必要です。

償却資産税の対象となる

10万円未満の少額の減価償却資産の特例と一括償却資産の償却費の特例を適用した対象資産については、償却資産税について非課税となりますが、それ以外の適用を受ける場合には、償却資産税の課税対象となることに留意しなければなりません。

つまり、20万円未満の減価償却資産の場合、一括償却の適用を受けた場合には償却資産税については非課税となりますが、30万円未満の少額減価償却資産の特例(全額損金経理)の適用を受けた場合には、償却資産税の課税対象となります。

●特例の適用と償却資産税の関係

	全額損金経理		一括償却		通常償却	
	適用	償却資産税	適用	償却資産税	適用	償却資産税
10万円未満の資産	あり	非課税	あり	非課税	あり	課税対象
20万円未満の資産	あり	課税対象	あり	非課税	あり	課税対象
30万円未満の資産	あり	課税対象	——	——	あり	課税対象

繰延資産の償却額の計算

| 使用する別表 | ▶ 別表16(6)・別表4・別表5(1) |

　繰延資産とは、法人が支出する費用のうち、その支払いに対する役務提供はすでに完了していても、その支出の効果が1年以上に及ぶものをいいます。

　混同するものとして家賃の前払費用などがありますが、これは翌事業年度分の支払いを当期中にしても、賃借するという役務提供はまだ完了していない支出になりますので、繰延資産には該当しません。

　例えば、広告宣伝用資産を贈与した場合のその資産の購入のための費用は、資産の取得は支払いと同時に完了した支出となりますが、その資産を使用してもらうことによる広告宣伝効果は、翌事業年度以降に及ぶものとなります。この場合に繰延資産として計上する金額は、その資産の購入費用となります。

繰延資産の種類

　法人税において繰延資産として認識すべき支出には、次のものがあります。

○会計上の繰延資産
　・創立費、開業費、開発費、株式交付費、社債等発行費

○税法独自の繰延資産
　・公共的施設の設置または改良のために支出する費用
　・共同的施設の設置または改良のために支出する費用
　・資産を賃借等するために支出する権利金、立ち退き料等の費用
　・役務の提供を受けるために支出する権利金等の費用
　・広告宣伝用資産を贈与したことにより生ずる費用
　・その他自己が便益を受けるために支出する費用

損金算入額

　上記の繰延資産に該当する支出をした場合には、その支出額は、一旦繰延資産など（税法独自の繰延資産は、長期前払費用として計上します）として資産計上し、償却費相当額を損金経理します。

■ 税務上の限度額までが損金となる

　法人税で損金算入が認められる金額は、会計上損金経理した金額のうち償却限度額に達するまでの金額とされています。

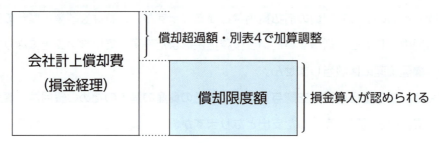

■ 支出額が限度額となるもの（一時償却が認められる繰延資産）

　しかし、上記の繰延資産のうち、会計上の繰延資産はその支出額がすべて償却限度額とされているため、実際には、会計上損金経理した金額が損金算入額として認められます。

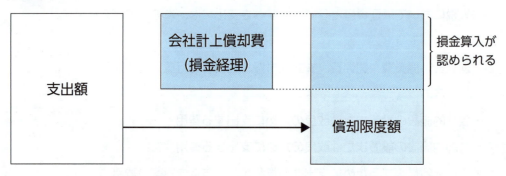

経理要件で支出額が限度額となるもの

また、税法独自の繰延資産であっても、次のものである場合には、その支出額の全額を支出時の損金として経理した場合には、その全額が損金算入額として認められます。

・支出額が20万円未満のもの
・街路の簡易舗装、街灯、がんぎなどで一般公衆の便益に供されるもの

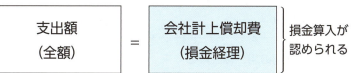

償却限度額の計算

○会計上の繰延資産

その支出額の全額が償却限度額となります。

○税法独自の繰延資産

次の算式により計算した金額が、償却限度額となります。

$$支出額 \times \frac{その事業年度の月数}{支出の効果の及ぶ期間の月数} = 償却限度額$$

ポイント！

その事業年度の月数は、当期が繰延資産の支出事業年度である場合には、支出した日から事業年度終了日までの月数となります。

支出の効果の及ぶ期間の月数

「支出の効果の及ぶ期間の月数」とは、償却期間のことをいいます。税法独自の繰延資産の償却期間は、次のように定められています。

種　類	細　目	償却期間（年数）
公共的施設の設置または改良の費用	負担者専用	施設の耐用年数の$\frac{7}{10}$
	その他	施設の耐用年数の$\frac{4}{10}$
共同的施設の設置または改良の費用	共同の用、協会等の本来の用に供されるもの	資産の耐用年数の$\frac{7}{10}$ （土地の取得部分は45年）
	共同のアーケード、日よけ、アーチなど	5年（施設等の耐用年数が5年未満の場合はその年数）
建物を賃借するための権利金等	建設費の大部分に相当し、かつ建物の存続期間中、賃借できるもの	建物の耐用年数の$\frac{7}{10}$
	上記以外で借家権として転売できるもの	建物の賃借後の見積残存耐用年数の$\frac{7}{10}$
	上記以外の権利金等	5年（有効期間が5年未満で更新時に再び権利金等の支払いを要するものはその期間）
資産の賃借に伴う費用		資産の耐用年数の$\frac{7}{10}$ （賃借期間を超える場合は賃借期間）
ノウハウの頭金など		5年（有効期間が5年未満で更新時に再び頭金等の支払いを要するものはその有効期間）
広告宣伝用資産の贈与費用		資産の耐用年数の$\frac{7}{10}$ （5年を超える場合は5年）
スキー場のゲレンデ整備費用		12年
出版権の設定の対価		有効期限（期間の定めがない場合は3年）
同業者団体の加入金		5年
職業運動選手等の契約金等		有効期限（期間の定めがない場合は3年）

別表4：所得の金額の計算に関する明細書
別表5(1)Ⅰ：利益積立金額の計算に関する明細書

　会計上の繰延資産については、損金経理した償却費相当額が税法上の損金として認められますので、別表4や別表5(1)へ記載する金額はありません。

　しかし税法独自の繰延資産については、償却期間にわたって均等償却をしていきますので、償却限度額を超える損金経理額がある場合には、その超過額部分について、次ページのように別表4で加算調整し、別表5(1)への記載をしていきます。

　別表の書き方や留意点は、114ページで説明した減価償却の超過額や、129ページで説明した一括償却の超過額とそう変わりありません。

　また、税法独自の繰延資産は、貸借対照表では、一般的に長期前払費用という勘定科目を使用して計上しますが、別表の記載にあたっては、その項目に関しての調整であることがわかればいいので、繰延資産という名称を使用しても問題ありません。

別表4

所得の金額の計算に関する明細書(簡易様式)　事業年度 X2・4・1 ~ X3・3・31　法人名　　別表四(簡易様式)

区　分		総　額	処　分	
			留　保	社外流出
		①	②	③
当期利益又は当期欠損の額	1	円	円	配当　　円
				その他
加算	損金経理をした法人税及び地方法人税(附帯税を除く。)	2			
	損金経理をした道府県民税及び市町村民税	3			
	損金経理をした納税充当金	4			
	損金経理をした附帯税(利子税を除く。)、加算金、延滞金(延納分を除く。)及び過怠税	5			その他
	減価償却の償却超過額	6			
	役員給与の損金不算入額	7			その他
	交際費等の損金不算入額	8			その他
	通算法人に係る加算額(別表四付表「5」)	9			外※
	繰延資産の償却超過額	10	**500,000**	**500,000**	
	小　　計	11			外※
減	減価償却超過額の当期認容額	12			
	納税充当金から支出した事業税等の金額	13			
	受取配当等の益金不算入額(別表八(一)「13」又は「26」)	14			※
	外国子会社から受ける剰余金の配当等の益金不算入額(別表八(二)「26」)	15			※
	受贈益の益金不算入額	16			※
	適格現物分配に係る益金不算入額	17			※
	法人税等の中間納付額及び過誤納に係る還付金額	18			

別表5(1)

利益積立金額及び資本金等の額の計算に関する明細書　事業年度 X2・4・1 ~ X3・3・31　法人名　　別表五(一)

I　利益積立金額の計算に関する明細書

区　分		期首現在利益積立金額	当期の増減		差引翌期首現在利益積立金額 ①－②＋③
			減	増	
		①	②	③	④
利　益　準　備　金	1	円	円	円	円
積　立　金	2				
	3				
	4				
長　期　前　払　費　用	5			**500,000**	**500,000**
	6				
	7				
	8				
	9				
	10				
	11				
	12				

別表16(6)Ⅱ：一時償却が認められる繰延資産の償却額の計算に関する明細書

会計上の繰延資産については、148ページ別表16(6)下段の［Ⅱ一時償却が認められる繰延資産の償却額の計算に関する明細書］へ記載します。

23欄［繰延資産の種類］には、「創立費」、「開業費」、「開発費」、「株式交付費」、「社債等発行費」のいずれかを記載しますが、「創立費」と「開業費」を「創業費」としてまとめて計上している場合には、「創業費」として記載しても問題ありません。

24欄［支出した金額］に該当する繰延資産の支出額の総額を記載します。ここへ記載する金額は、支出当初の金額を記載しますので、償却が終了するまで同じ金額を記載することになります。

25欄［前期までに償却した金額］（300,000円）、26欄［当期償却額］（200,000円）、－［期末現在の帳簿価額］（700,000円）へ、それぞれの金額を記載します。

このとき、これらを合計した金額が、24欄［支出した金額］1,200,000円となることに注意してください。

300,000円 ＋ 200,000円 ＋ 700,000円 ＝ 1,200,000円

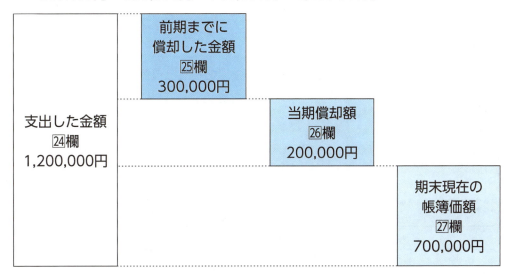

別表16(6)Ⅰ：均等償却を行う繰延資産の償却額の計算に関する明細書

11欄［当期償却額］は、会計上当期に損金経理した金額を記載します。

ここへ記載した金額が6欄［当期分の償却限度額］と同額である場合には、12欄以降の記載は基本的に不要となります。

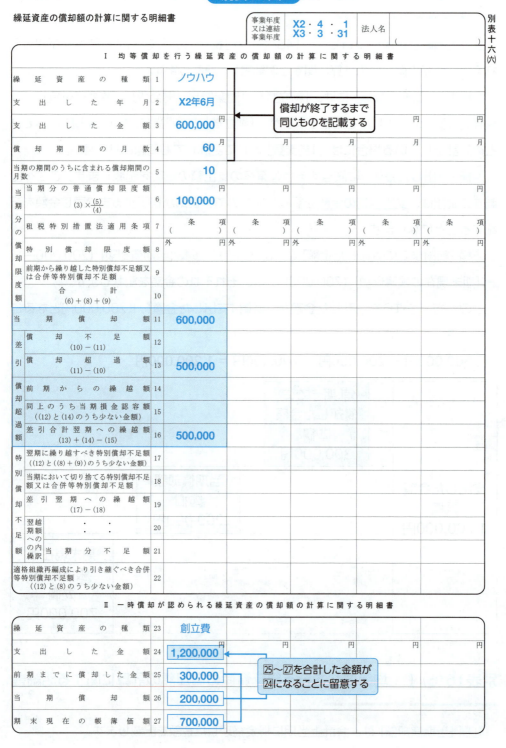

5 外貨建資産等の処理

外国通貨で取引を行った場合の処理

　法人が外貨建取引を行った場合には、その外貨建取引の金額の円換算額は、その外貨建取引を行った時における外国為替の売買相場により換算した金額で処理をします。

　外貨建取引とは、外国通貨で支払いが行われる資産の販売及び購入、役務の提供、金銭の貸付け及び借入れ、剰余金の配当その他の取引をいいます。

　外貨建取引に伴う消費税の取扱いは、原則として資産の譲渡等を行った日または課税仕入れを行った日の電信売買相場の仲値で換算した円貨による金額を資産の譲渡等の金額または課税仕入の金額とします。なお、決済時との差額は調整する必要はありません。

■ 外貨建資産を有する法人の期末換算

　法人が事業年度終了の時において外貨建資産等を有する場合には、その外貨建資産等について円換算を行います。その時における外貨建資産等の金額の円換算額は、次の外貨建資産等の区分によって、それぞれの方法により換算した金額で円換算の処理をします。

対　象		処理方法
外貨建債権及び外貨建債務		発生時換算法又は期末時換算法
外貨建有価証券	売買目的有価証券	期末時換算法
	売買目的外有価証券	発生時換算法又は期末時換算法
	上記の有価証券以外の有価証券	発生時換算法
外貨預金		発生時換算法又は期末時換算法
外国通貨		期末時換算法

発生時換算法	発生時換算法は、外貨建資産等の取得又は発生の基因となった外貨建取引の円換算に用いた外国為替の売買相場により換算した金額をもって期末時の円換算額として計算する方法です。
期末時換算法	期末時換算法は、期末時の外国為替の売買相場により換算した円換算額をもって期末時の円換算額として計算する方法です。

■ 為替換算差額の益金又は損金算入

　法人が事業年度終了の時において期末時換算法によりその金額の円換算額への換算をする外貨建資産等を有する場合には、その外貨建資産等の金額を期末時換算法により換算した金額とその外貨建資産等のその時の帳簿価額との差額に相当する金額は、その事業年度の益金の額又は損金の額に算入します。

■ 外国為替の売買相場が著しく変動した場合

　その外貨建資産等と通貨の種類を同じくする外貨建資産等のうち外国為替の売買相場が著しく変動したもの全てについて、その事業年度終了の時にその取得又は発生の基因となった外貨建取引を行ったものとみなして為替換算差額の計算をすることができます。

■ 外国為替の売買相場

　原則として取引日における電信売相場と電信買相場の仲値によります。ただし、継続適用を条件として、売上その他の収益又は資産については取引日の電信買相場、仕入その他の費用又は負債については取引日の電信売相場によることができるものとされています。

6 仮想通貨（暗号資産）の処理

仮想通貨を保有している場合の経理処理

　2019年に資金決済法と金融商品取引法の改正により、「仮想通貨」の法律上の名称は「暗号資産」に変更されました。

　暗号資産の税法上の取扱いは、決済手段の一つとして認識しますので、外貨を所有している場合と同じような取扱いとなります。

■ 一般の法人は流動資産に計上する

　暗号資産を決済手段、若しくは投資目的で保有している法人が所有する暗号資産は、「暗号資産」として流動資産に計上するのが一般的です。

■ 販売所である法人は棚卸資産として計上する

　仮想通貨の取引所や販売所である法人等が、暗号資産をその販売目的や商品などとして保有する場合には、そこで保有する暗号資産は棚卸資産である「商品」として計上します。

■ 活発な市場を有しない暗号資産

　活発な市場を有しない暗号資産を長期保有目的で保有する場合には、その暗号資産は、投資その他の資産に計上しても差し支えありません。本書では、仮想通貨を一般の会社が所有する場合の取扱いを説明しています。なお、「暗号資産」と「仮想通貨」の各名称はわかりやすいようにそれぞれを区別して使用していますが、基本的にどちらも同じ意味となります。法律上や会計用語として使用したい説明のときは「暗号資産」、一般的な言葉として説明したいときは「仮想通貨」を使用して説明しています。

仮想通貨 ＝ 暗号資産

■ 仮想通貨を売却したときの取扱い

　仮想通貨を売却した場合には、税務上は仮想通貨を日本円に換金したものとして取り扱います。つまり、そのときに生ずる換算差額があれば、その金額はその事業年度の益金の額または損金の額として認識します。

■ 売却の計上時期

　仮想通貨を売却した場合のその計上時期は、売却に係る契約をした約定日の属する事業年度となります。

　その事業年度の益金の額、若しくは損金の額となる金額は、その仮想通貨の売却価額から売却した仮想通貨の取得価額を控除した額となります。

売却価額 － 取得価額 ＝ ＋益金
　　　　　　　　　　　＝ △損金

■ 商品や他の仮想通貨を購入する際に仮想通貨で決済したとき

　商品等を購入する際に、法人が保有している仮想通貨でその商品等の購入代金を決済したときは、その決済時点での購入した商品等の購入価額と決済に使用した仮想通貨の取得価額との差額が、その事業年度の益金の額、若しくは損金の額となります。

　仮想通貨で仮想通貨を購入する場合とは、例えばビットコインでアルトコインなど他の仮想通貨を交換した場合がそれにあたります。この場合のアルトコインの購入価額は、その取引日の終値で換算します。

商品等の購入価額 － 決済に用いた仮想通貨の取得価額 ＝ ＋益金
　　　　　　　　　　　　　　　　　　　　　　　　　＝ △損金

```
┌─────────┐   ┌─────────┐        ┌──────┐
│アルトコインの│   │決済に用いた│    ＝  │＋益金│
│ 購入価額 │ － │仮想通貨の │        └──────┘
│ （終値） │   │ 取得価額 │        ┌──────┐
└─────────┘   └─────────┘    ＝  │△損金│
                                  └──────┘
```

■ **仮想通貨を取得したときの取扱い**

　仮想通貨の取得価額は、その支払対価に手数料等の付随費用を加算した金額となります。

```
┌──────────────┐      ┌──────┐      ┌──────┐
│仮想通貨の取得価額│  ＝  │支払対価│  ＋  │付随費用│
└──────────────┘      └──────┘      └──────┘
```

■ **同じ仮想通貨を２回以上にわたって取得したとき**

　同一種類の仮想通貨を２回以上にわたって取得した場合の仮想通貨の取得価額の算定方法は、原則としてその都度、取得価額の計算が必要な移動平均法の方法を用います。しかし、税務署長への届出により、事業年度末で一度に計算することができる総平均法の方法を用いることができます。

■ **法定評価方法**

　法人税法上の暗号資産の法定評価方法は、移動平均法となります。総平均法を採用したい場合には、その旨を所轄税務署長に届け出ます。

■ **個人から法人へ仮想通貨を引き継いだ場合**

　法人から個人へ仮想通貨を引き継いだ場合には、その引き継いだ時に、個人に売却されたものとして取り扱います。

■ **ウォレット間の移動**

　法人で取得した仮想通貨を、法人名義口座（法人使用ウォレット）から個人名義口座（個人使用ウォレット）へ移行した場合には、法人で所有していた暗号資産を売却したと認識されることがありますので注意が必要です。

■ **誤解を与えないための対策は重要**

　暗号資産の計算は同一種類の資産であっても取得や売却の回数が多かったり、複数

の暗号資産を所有するだけでも、それらの計算はとても複雑になります。各種の取り引き自体も実務的な計算ではかなり複雑なものが多いのが現状ですので、現在法整備されている計算方法であったり、現存する計算システムでは、これらをきっちりと計算していくことは非常に困難なものとなっています。

　各種取引きの信憑性などを判断する側（税理士や課税庁）に少しでも誤解を与えないような取引履歴にしておくことは、納税者にとっては重要な対策となります。いつでも取引内容は明確に説明できるようにしておく必要があります。

■ 期末で保有する暗号資産の評価替え

　法人税では、期末において保有する暗号資産のうち、活発な市場が存在する暗号資産は時価評価をして、時価をもって貸借対照表価額とし、帳簿価格と時価との差額は当期の損益として処理します。

　暗号資産の計算のかなめは、取得価額の算定にありますので、その計算をより簡素化するために、各期末で保有する暗号資産について時価評価することは制度上必要なことことといえます。つまり、期末評価を強制することによって、それらの複雑な計算による誤差額を期末時点で一掃することが可能となります。

■ 期末評価替えの処理をしない暗号資産

　逆に活発な市場が存在しない暗号資産は、取得原価をもって貸借対照表価額となります。

■ 洗替えにより処理をする

　活発な市場が存在する暗号資産の期末評価は、毎期、洗替えにより評価替えをします。なお、評価替えに用いる時価は、次のいずれかにより計算した価格に仮想通貨の数量を乗じた金額となります。

①価格等公表者によって公表されたその事業年度終了の日における市場仮想通貨の最終売買価格（同日における最終売買価格がない場合には、同日前の最終売買価格が公表された日でその事業年度終了の日の最も近い日におけるその最終売買価格となります。）

②価格等公表者によって公表されたその事業年度終了の日における市場仮想通貨の最終交換比率×その交換比率により交換される他の市場仮想通貨に係る上記①の価格（同日における最終交換比率がない場合には、同日前の最終公表比率が公表された日でその事業年度終了の日に最も近い日におけるその最終交換比率に、その交換比率により交換される他の市場仮想通貨に係る上記①の価格を乗じて計算した価格となります。）

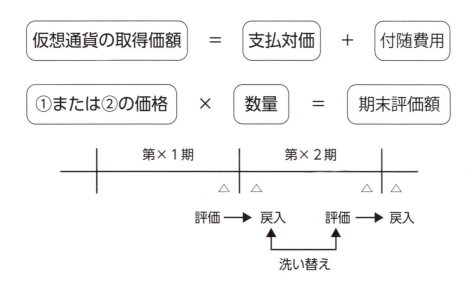

■ 雑収入や雑損失に計上する

　事業年度終了時に保有しているビットコインがあれば、そのビットコインの期末評価をしなければなりません。例えば、保有しているビットコインの取得価額が5,000,000円で、期末評価額が4,800,000円であれば、その差額はその事業年度の損金の額に算入します。仮に期末評価額が取得価額を上回っている場合には、その差額は益金の額に算入します。通常は決算整理によって、その差額を雑損失や雑収入として計上しますが、会社経理による計上が決算においてなかった場合には、別表4において減算や加算の申告調整をすることになります。

■ 翌事業年度の洗い替え

　上記の場合、前期に雑損失として計上した200,000円は、洗替えの処理として、同額を雑収入に計上します。
　そして、再び期末時点において保有しているビットコインがあれば、そのビットコ

インについて期末評価を行い、その期末時点において保有しているビットコインの取得価額との差額について、その事業年度の益金の額若しくは損金の額に算入します。

(参考)

■ 暗号資産の終値

　暗号資産の終値はビットフライヤーやコインチェックなど、国内におけるそれぞれの取引所において取扱いのある暗号資産の終値が公表されています。

■ NFTの売買など

　NFTは「Non Fungible Token」の略称で『非代替性トークン』のことをいいます。非代替性トークンは、ブロックチェーン上に記録されるデータで代替不可能な唯一無二のデータであることをデータ単位で認識されます。

　いままで、デジタルアートやデジタル写真などにおける作品については、パソコン上でも簡単にコピーができるため、その唯一無二の価値を証明することは難しいものとされていました。

　しかし、デジタルデータであっても、その作品が単なるコピーではなく、唯一無二の本物であるかどうかをNFTによるブロックチェーンの技術を用いて取引の記録として証明することができるようになりました。NFTにより証明されたデジタルアートは、本物かコピー作品なのかを見分けることが可能であるため、限定で販売されるNFTアートやデジタル写真などの作品が高値で取引されるケースも存在するようになっています。

　NFTアート作品は、他に、アイドルやスポーツ選手のトレーディングカード、オンライン書籍、オンラインゲームのアイテムなどもあります。それらは仮想空間であるメタバース上で使用することも可能です。ゲーム上で入手したアイテムもNFTの技術によって個人の所有物であるという証明ができますので、他のゲームに持ち込むことも可能です。

　NFTはこのように様々な多様性を持つ資産として存在しつつありますので、ビットコインなどの仮想通貨とはまた異なる暗号資産として認識されつつあります。それらを踏まえ、税務上はどのようにNFTの売買などを取り扱うべきかということは、個別的な事例だけでなく、今後の暗号資産を取り巻く税制上の重要な課題となっています。

参考：国税庁タックスアンサー

No.1525-2　[令和4年4月1日現在法令等]
NFTやFTを用いた取引を行った場合の課税関係（所得税）

1．いわゆるNFT（非代替性トークン）やFT（代替性トークン）が、暗号資産などの財産的価値を有する資産と交換できるものである場合、そのNFTやFTを用いた取引については、所得税の課税対象となります。
※財産的価値を有する資産と交換できないNFTやFTを用いた取引については、所得税の課税対象となりません。

2．所得税の課税対象となる場合の所得区分は、概ね次のとおりです。
(1) 役務提供などにより、NFTやFTを取得した場合
・役務提供の対価として、NFTやFTを取得した場合は、事業所得、給与所得または雑所得に区分されます。
・臨時・偶発的にNFTやFTを取得した場合は、一時所得に区分されます。
・上記以外の場合は、雑所得に区分されます。
(2) NFTやFTを譲渡した場合
・譲渡したNFTやFTが、譲渡所得の基因となる資産に該当する場合（その所得が譲渡したNFTやFTの値上がり益（キャピタル・ゲイン）と認められる場合）は、譲渡所得に区分されます。
（注）NFTやFTの譲渡が、営利を目的として継続的に行われている場合は、譲渡所得ではなく、雑所得または事業所得に区分されます。
・譲渡したNFTやFTが、譲渡所得の基因となる資産に該当しない場合は、雑所得（規模等によっては事業所得）に区分されます。

国税庁ホームページより

第3章
債権についての処理

- 貸倒損失
- 個別貸倒引当金
- 一括貸倒引当金

1 貸倒損失の経理処理と別表のつながり

| 使用する別表 | ▶ 別表11（1の2）・別表4・別表5（1） |

　金銭債権を貸倒損失として計上するためには、その貸し倒れの状況に応じた事実要件を満たしている必要があります。法人税基本通達において記載されている貸倒損失には、次の3種類のものがあります。

①【基本通達】9-6-1　金銭債権の全部又は一部の切捨てをした場合

　法律に基づく決定処分などがあったことにより、その金銭債権の全部又は一部を切り捨てることとなった場合には、その決定処分された金銭債権は、その事実が生じた事業年度の損金となります。この事実要件を満たした場合には、会社経理において損金経理をしていない場合であっても、確定申告書において貸倒損失の申告調整（減算調整）をします。

事実要件

この通達の事実要件には、次のものがあります。

- 更生計画認可の決定
- 再生計画認可の決定
- 特別清算に係る協定の認可の決定
- 債権者の協議決定で合理的な基準により債務整理を定めたもの
- 行政機関などの斡旋による当事者間の協議で合理的な基準により債務整理を定めたもの
- 債務者の債務超過の状態が相当期間継続し、弁済能力がないと認められる債権につき、書面による債務免除をした場合

事実要件を満たした貸倒損失がある場合の別表

前ページ(基本通達9-6-1)の貸倒損失の事実要件が生じた金銭債権について、会社経理において貸倒損失の計上をしていない場合には、別表4で減算調整をします。

これは、本来会社が次の仕訳をすべき事実が生じたにもかかわらず、しかるべき経理をしていないための申告調整となります。

　　(貸倒損失) 200,000円　　(売掛金) 200,000円

■ 別表4:所得の金額の計算に関する明細書

上記の仕訳がされていないときは、会計上は費用計上がされていません。しかし、税務上は損金の発生があったものとして認識しますので、減算欄への調整が必要になります。

また、税務上は「売掛金」という資産が減少していますが、会計上ではそのような資産の減少を計上しませんでしたので、その資産のズレを捉えるために、別表5(1)へ連動させる必要があります。

そこで、処分欄は②欄[留保]に200,000円を記載しています。

別表4

所得の金額の計算に関する明細書(簡易様式)

区分		総額 ①	処分	
			留保 ②	社外流出 ③
当期利益又は当期欠損の額	1	円	円	配当 円
				その他
小　計	11			外 ※
減算	減価償却超過額の当期認容額	12			
	納税充当金から支出した事業税等の金額	13			
	受取配当等の益金不算入額(別表八(一)「13」又は「26」)	14			※
	外国子会社から受ける剰余金の配当等の益金不算入額(別表八(二)「26」)	15			※
	受贈益の益金不算入額	16			※
	適格現物分配に係る益金不算入額	17			※
	法人税等の中間納付額及び過誤納に係る還付金額	18			
	所得税額等及び欠損金の繰戻しによる還付金額等	19			※
	通算法人に係る減算額(別表四付表「10」)	20			※
	貸倒損失認定損	21	200,000	200,000	
小　計	22			外 ※

別表5(1)③へ

■ 別表5(1)Ⅰ：利益積立金額の計算に関する明細書

　会計上、資産として計上されている売掛金は、税務上は貸倒損失として認識するため、消滅した資産となります。そこで、別表5(1)では、貸倒損失の計上をしなかった売掛金については、結果的に利益積立金のマイナスがあったものとして、そのズレを記載します。

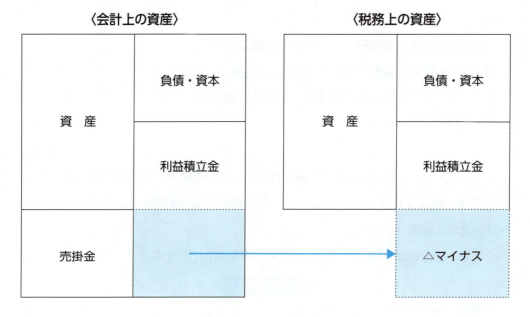

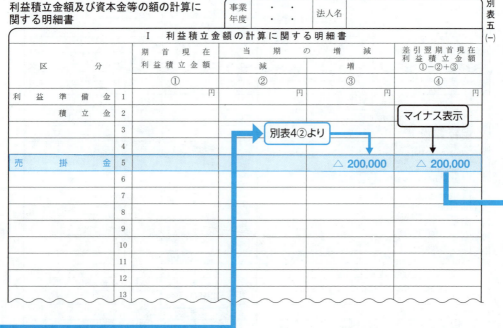

■ 別表11（1の2）：
一括評価金銭債権に係る貸倒引当金の損金算入に関する明細書

当期において一括貸倒引当金の規定（179ページ参照）の適用を受ける場合には、別表11（1の2）においても、前ページの調整事項について留意すべき点があります。ここで調整した金銭債権が売掛金である場合には、それは<u>一括評価金銭債権に該当する金銭債権</u>になりますので、その設定対象となる債権の金額は、<u>税務計算上のもの</u>である必要があります。

そこで、貸借対照表に計上されている売掛金（一括評価金銭債権）について、<u>税務調整後の金額</u>を計算するために、その調整額を記載します。

ただし、別表11（1の2）の㉔欄に記載すべき金額は、別表4に記載した金額ではなく、<u>別表5(1)の④欄の金額</u>であることに注意してください。

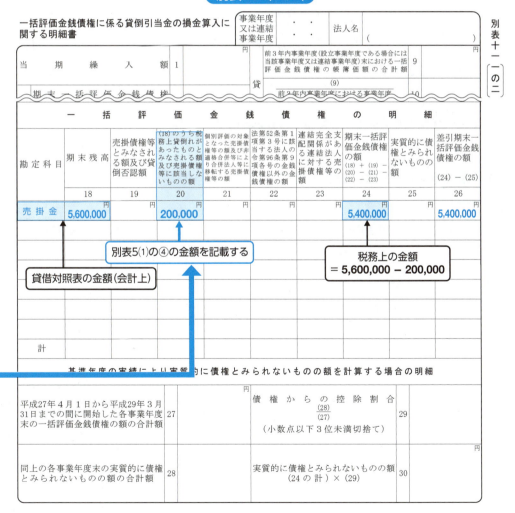

①【基本通達】9-6-2　金銭債権の全額の回収不能が明らかな場合

　債務者の資産状況や支払能力などからみて、その金銭債権の全額が回収できないことが明らかである場合には、その全額を貸倒損失として損金経理することが認められます。

　この通達では、債権額の全額を損金経理することが要件となっていますので、基本通達9-6-1のように申告調整による損金算入はできません。

　会社がその債権額の一部のみを損金経理していた場合には、「全額が回収できないことが明らかな経理」とはならないため、要件を満たしたことにはならないので注意が必要です。

　そして、その全額が回収できないことが明らかである場合に限られますので、担保物を有する場合には、その担保物を処分した後の確定額で計上しなければなりません。

　また保証債務に至っては、その保証債務を履行した後に、その債務者に対する債権が成立しますので、その後、その債権が全額回収不能であるかどうかの判断をしなければならないことになります。

　この通達に関する申告書別表への記載は、事実要件に不備がある場合で、会計上損金経理した金額を加算調整する場合にのみ必要になります。

事実要件を満たさない貸倒損失の計上がある場合の別表の書き方

　基本通達9-6-2の貸倒損失の事実要件を満たさない金銭債権について、会社経理において貸倒損失の計上をした場合には、別表4において、加算調整をします。

　これは、税務上認められない次の仕訳を会社経理で行ったので、税務上是正するための申告調整となります。

　（貸倒損失）500,000円　　（貸付金）500,000円

■ 別表4：所得の金額の計算に関する明細書

上記の仕訳をしたことによって、会計上においては税務上認められない費用が計上されています。そこで、その費用を別表4において加算調整する必要があります。

また、会計上は「貸付金」という資産が減少していますが、税務上はそのような資産の減少を認識しませんので、その資産のズレを捉えるために、別表5(1)へ連動させる必要があります。

そこで、処分欄は②欄［留保］に500,000円を記載しています。

別表4

所得の金額の計算に関する明細書（簡易様式）

区　　分		総　額	処　　分	
			留　保	社　外　流　出
		①	②	③
当期利益又は当期欠損の額	1	円	円	配　当　　　　円
				その他
加算	損金経理をした法人税及び地方法人税（附帯税を除く。）	2			
	損金経理をした道府県民税及び市町村民税	3			
	損金経理をした納税充当金	4			
	損金経理をした附帯税（利子税を除く。）、加算金、延滞金（延納分を除く。）及び過怠税	5			その他
	減価償却の償却超過額	6			
	役員給与の損金不算入額	7			その他
	交際費等の損金不算入額	8			その他
	通算法人に係る加算額（別表四付表「5」）	9			外※
	貸倒損失否認	10	500,000	500,000	→ 別表5(1)③へ →
	小　　　計	11			外※
減算	減価償却超過額の当期認容額	12			
	納税充当金から支出した事業税等の金額	13			
	受取配当等の益金不算入額（別表八（一）「13」又は「26」）	14			※
	外国子会社から受ける剰余金の配当等の益金不算入額（別表八（二）「26」）	15			※
	受贈益の益金不算入額	16			※
	適格現物分配に係る益金不算入額	17			※
	法人税等の中間納付額及び過誤納に係る還付金額	18			
	所得税額等及び欠損金の繰戻しによる還付金額等	19			※
	通算法人に係る減算額（別表四付表「10」）	20			※
		21			
	小　　　計	22			外※
仮　計 (1)+(11)-(22)		23			外※
対象純支払利子等の損金不算入額（別表十七（二の二）「29」又は「34」）		24			その他
超過利子額の損金算入額（別表十七（二の三）「10」）		25	△		※　△
仮　　計		26			外※

■ 別表5(1)Ⅰ：利益積立金額の計算に関する明細書

会計上、貸倒損失の計上により、資産項目から減少した貸付金は貸借対照表上では存在していない資産となります。しかし、税務上は貸倒損失として認識しないため、存在すべき資産となります。

そこで、会計上、貸倒損失の計上により減少した貸付金については、別表5(1)で利益積立金にプラスとして記載することによって、税務上と会計上のズレを把握します。

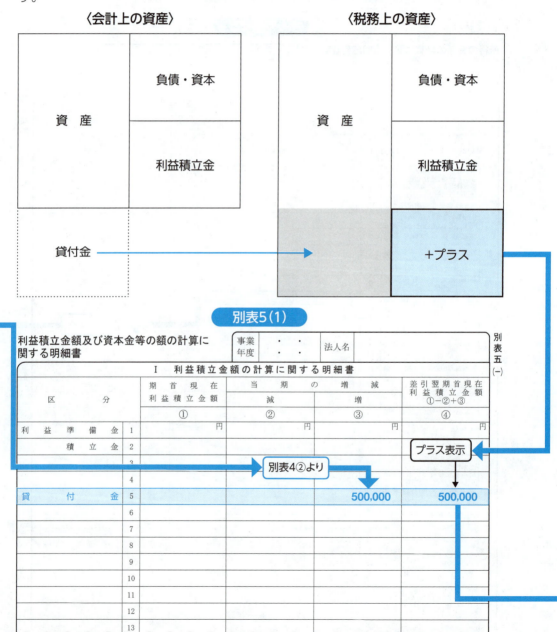

■ 別表11（1の2）：
一括評価金銭債権に係る貸倒引当金の損金算入に関する明細書

　当期において一括貸倒引当金の規定の適用を受ける場合には、別表11（1の2）においても、前ページの調整事項について留意すべき点があります。ここで調整した金銭債権が一括評価金銭債権に該当する金銭債権である場合には、その設定対象となる債権の金額は、基本通達9-6-1の場合と同様に、税務計算上のものである必要があります。

　そこで、貸借対照表に計上されている金銭債権について、税務調整後の金額を計算するために、その調整額を記載します。

　この事例は貸倒損失の否認金となりますので、⑲へ記載します。

　ここへ記載することによって、税務上の金額は、貸借対照表に計上された貸付金3,200,000円に会計で消却した500,000円を加えることによって、3,700,000円となります。

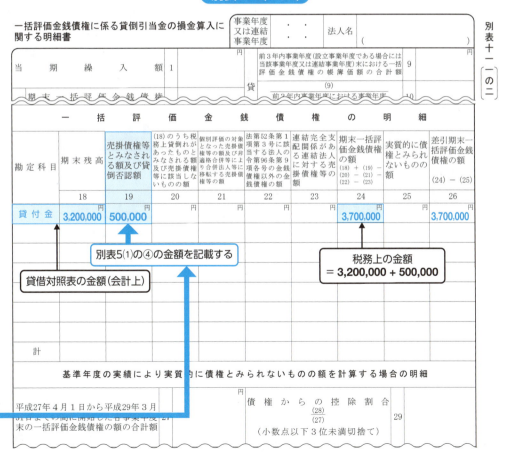

③【基本通達】9-6-3
売掛債権の一定期間取引停止後、弁済がない場合

　法人が有する売掛債権について、次の事実が生じた場合には、備忘価額を残した残額を貸倒損失として計上することができます。

備忘価額	残額 ＝ 貸倒損失として計上
資産計上	損金計上

■ 取引停止後1年以上経過した場合

　継続取引を行っている得意先から売掛金の入金等が滞った場合などには、通常その得意先との取引はその時点で停止します。この基本通達9-6-3で示している「取引停止」とは、そのような取引の停止ではなく、

　その得意先とのすべてを包括する取引が停止した時点を指しますので、売掛金の最後の弁済期、もしくは最後に売掛金の一部が弁済された時点等のいずれか遅い時点となります。

　そして、この通達に該当する貸倒損失を計上する場合は、取引停止後1年以上経過することが必要ですので、上記の「取引を停止した時点」が、前期以前である必要があります。

■ **同一地域の債務者について有する売掛債権の総額が、その取立費用等に満たない場合において、督促をしたにもかかわらず弁済がない場合**

　遠隔地にある得意先からの入金が滞った場合などには、取り立てのために要する費用の見積額が、取り立てようとする債権額を超えるようであれば、実際に取り立てに行くこともできません。そこで再三の督促をしたにもかかわらず、弁済されない売掛債権については、実質的見地から貸倒損失の計上が認められています。

売掛債権に限られる

　基本通達9-6-3に記載されている金銭債権は「売掛債権」に限られます。売掛債権とは、売掛金や完成工事未収金など、営業活動で生じた商品販売による売掛金や未収請負金、未収地代、未収手数料などが該当します。貸付金などの債権は含みません。

　また、継続取引を前提とした営業活動による債権に限られますので、不動産業者が一般の消費者に対して建売住宅などを販売したような、1回限りの取引が前提となる売掛債権は除かれます。

備忘価額を忘れない

　備忘価額を残した残額を貸倒れとして損金経理することが要件となっています。備忘価額は、1円以上の金額であればいくらでも構いません。

　しかし、仮に備忘価額を残さずに全額を損金経理してしまった場合には、その全額が損金不算入となりますので、注意が必要です。

2 個別貸倒引当金の経理処理

使用する別表 ▶ 別表11(1)・別表11(1の2)

　近い将来、貸し倒れる危険性が大きくなった金銭債権については、貸倒損失の見込額として、一定の繰入限度額に達するまでの金額を貸倒引当金として損金経理することができます。この貸倒引当金の計上は、一括評価による貸倒引当金とは別に、その債務者に対する金銭債権について個別に評価して繰入限度額を計算します。

※なお、平成23年12月改正により、貸倒引当金の規定の適用が受けられる法人は、非中小法人等（105ページ参照）に該当しない期末資本金1億円以下の法人（中小法人）、その他一定の法人に限られることとなりました。

個別貸倒引当金の事実要件

　個別貸倒引当金の設定対象となる金銭債権には、次の4種類のものがあります。

- 法令等に基づいて長期棚上げとなった金銭債権（令96条1項1号）
- 債務超過相当期間経過後の金銭債権（令96条1項2号）
- 法令等の手続きが開始された金銭債権（令96条1項3号）
- 外国政府等に対する回収困難となった金銭債権（令96条1項4号）

■ 法令等に基づいて長期棚上げとなった金銭債権　（令96条1項1号）

更生計画認可の決定等があった金銭債権について、その事実が生じた事業年度終了日から5年経過後まで棚上げとなった金銭債権については、個別貸倒引当金を繰り入れることができます。これらの法令等には、次のものがあります。

- 更生計画認可の決定
- 再生計画認可の決定
- 特別清算に係る協定の認可の決定
- 債権者の協議決定で合理的な基準により債務整理を定めたもの
- 行政機関などの斡旋による当事者間の協議で合理的な基準により債務整理を定めたもの

■ 繰入限度額

上記の決定等があった事業年度末日に有する金銭債権のうち、翌事業年度以降5年以内に弁済される金額及び担保物の取立等見込額を控除した残額が、繰入限度額となります。

金銭債権 － 5年以内弁済予定額 － 取立等見込額 ＝ 個別貸倒引当金繰入限度額

別表11(1)：個別評価金銭債権に係る貸倒引当金の損金算入に関する明細書

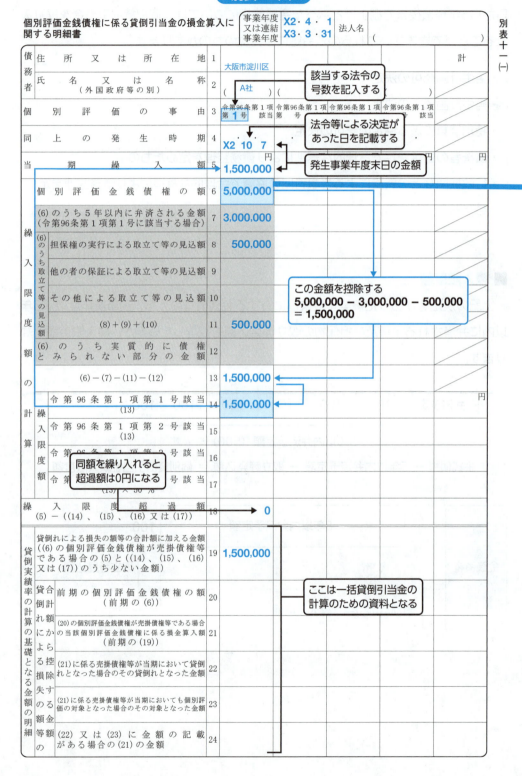

■ 別表11（1の2）：
一括評価金銭債権に係る貸倒引当金の損金算入に関する明細書

売掛債権等について、一括貸倒引当金の計上をする場合には、別表11（1の2）においても記載が必要になります。

別表11（1の2）の[一括評価金銭債権の明細]㉑欄に、個別評価の対象となった売掛債権等の額を記載します。この金額は、決定のあった事業年度については別表11（1）の⑥欄[個別評価金銭債権の額]（前ページ参照）となりますが、その後の事業年度については各事業年度末日現在の残額となりますので、注意が必要です。

しかし、個別評価金銭債権が前払費用など売掛債権等に該当しない金銭債権である場合には、この別表に記載する必要はありません。

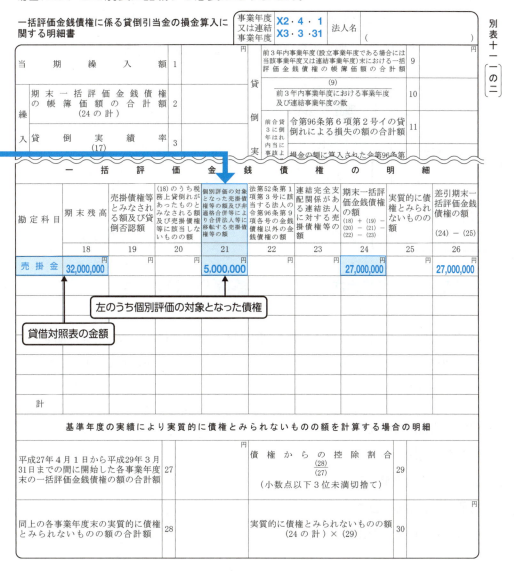

債務超過相当期間経過後の金銭債権（令96条1項2号）

　債務者について、債務超過の状態が相当期間(おおむね1年以上)継続し、今後回復の見込みがないと認められる金銭債権については、個別貸倒引当金を繰り入れることができます。

　また、担保物を処分する以外に回収が見込まれない金銭債権について、その担保物の処分に日時を要する場合や債務者について災害や経済事情の急変により多大な損失が生じている場合も同様に繰り入れることができます。

■ 繰入限度額

金銭債権から取立等見込額を控除した残額が繰入限度額となります。

金銭債権 － 取立等見込額 ＝ 個別貸倒引当金繰入限度額

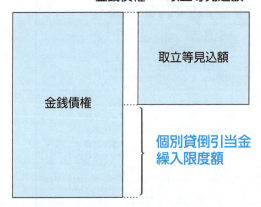

法令等の手続きが開始された金銭債権（令96条1項3号）

　債務者について、次のような手続きの開始があったときには、取立等見込額を控除した残額のうち、50％に相当する金額について個別貸倒引当金を繰り入れることができます。

- 更生手続開始の申立て
- 再生手続開始の申立て
- 破産手続開始の申立て
- 特別清算開始の申立て
- 手形交換所の取引停止処分

■ 繰入限度額

　金銭債権から取立等見込額を控除した残額のうち、50％相当額が繰入限度額となります。

（金銭債権 － 取立等見込額）× 50％ ＝ 個別貸倒引当金繰入限度額

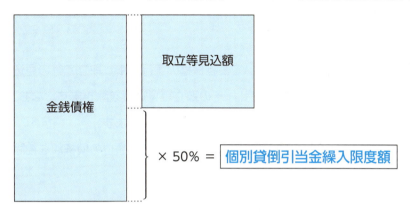

外国政府等に対する回収困難となった金銭債権（令96条1項4号）

　外国政府などに対する金銭債権のうち、長期にわたり債務履行が遅延しているなど回収が著しく困難となった場合には、上記と同様に、取立等見込額を控除した残額のうち、50％に相当する金額について個別貸倒引当金を繰り入れることができます。

■ 繰入限度額

　金銭債権から取立等見込額を控除した残額のうち、50％相当額が繰入限度額となります。

（金銭債権 － 取立等見込額）× 50％ ＝ 個別貸倒引当金繰入限度額

取立等見込額

取立等見込額とは、債務者に対して有する金銭債権のうち、回収が可能な部分として見込まれる金額をいいますが、具体的には次のものがあります。

■ 質権、抵当権等による担保

個別評価の設定対象となる金銭債権について、担保権の実行により取立て等の見込みがあると認められる部分の金額がある場合は、その取立等見込額を除きます。なお、その担保権とは、質権・抵当権・所有権留保・信用保険等をいいます。

また、抵当権について先順位の債権者がある場合には、その先順位の債権額を控除した後の見積額が取立等見込額となります。

〈当社が第2順位の場合〉

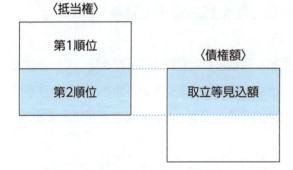

■ 金融機関、保証機関による保証

銀行や保証協会などが保証している保証額は、取立等見込額となります。しかし、金融機関や保証機関による保証以外の人的保証は、取立等見込額とはなりませんので注意が必要です。

■ **第三者振出手形**

相手方から受け取った受取手形の中に、第三者が振り出した手形がある場合には、その債権はその手形を振り出した第三者が支払いをしますので、取立等見込額となります。

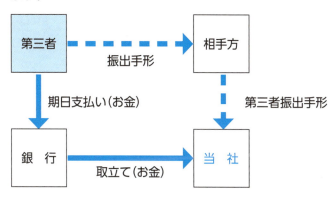

■ **実質的に債権とみられない部分の金額**

実質的に債権とみられない部分の金額とは、同一人に対する、買掛金、借入金、差入保証金、預り金などのうち、有する金銭債権と相殺可能なものが該当します。

なお、支払手形については相殺することができませんので、実質的に債権とみられない部分の金額とはなりません。

金銭債権	債務等
売掛金または受取手形	買掛金
貸付金	
売掛金	営業保証金
	借入金
完成工事未収金	未成工事受入金
未収地代家賃	敷金
使用人貸付金	その使用人からの預り金

■ 別表11（1）：個別評価金銭債権に係る貸倒引当金の損金算入に関する明細書

取立等見込額がある場合には、別表11（1）の⑧欄から⑫欄にそれぞれの金額を記載します。

○ 質権、抵当権等による担保
⑧欄［担保権の実行による取立て等の見込額］

○ 金融機関、保証機関による保証
⑨欄［他の者の保証による取立て等の見込額］

○ 第三者振出手形
⑩欄［その他による取立て等の見込額］

○ 実質的に債権とみられない部分の金額
⑫欄［(6)のうち実質的に債権とみられない部分の金額］

別表11（1）

個別評価金銭債権に係る貸倒引当金の損金算入に関する明細書			事業年度又は連結事業年度	・・ ～ ・・	法人名	( )	計
債務者	住　所　又　は　所　在　地	1					
	氏　名　又　は　名　称 （外国政府等の別）	2	( )	( )	( )	( )	
	個　別　評　価　の　事　由	3	令第96条第1項第　号該当	令第96条第1項第　号該当	令第96条第1項第　号該当	令第96条第1項第　号該当	
	同　上　の　発　生　時　期	4	・・	・・	・・	・・	
	当　期　繰　入　額	5	円	円	円	円	円
繰入限度額の計算	個　別　評　価　金　銭　債　権　の　額	6					
	(6)のうち5年以内に弁済される金額 （令第96条第1項第1号に該当する場合）	7					
	(6)のうち取立て等の見込額	担保権の実行による取立て等の見込額	8					
		他の者の保証による取立て等の見込額	9					
		その他による取立て等の見込額	10					
		(8)＋(9)＋(10)	11					
	(6)のうち実質的に債権とみられない部分の金額	12					
	(6)－(7)－(11)－(12)	13					
	令第96条第1項第1号該当 (13)	14					円
	令第96条第1項第2号該当 (13)	15					
	令第96条第1項第3号該当 (13)×50％	16					
	令第96条第1項第4号該当 (13)×50％	17					

3 一括貸倒引当金の経理処理

使用する別表 ▶ 別表11（1の2）・別表11（1）・別表4・別表5（1）

当期末において有する金銭債権について、一括評価の方法により計算した繰入限度額以下の金額は、損金経理を要件に、損金の額に算入することができます。

一括貸倒引当金の設定は、個別評価のように債務者ごとに個別評価するのではなく、会社の財務諸表に計上されている金額を基にして一括計算をします。

※なお、平成23年12月改正により、貸倒引当金の規定の適用が受けられる法人は、非中小法人等（105ページ参照）に該当しない期末資本金1億円以下の法人（中小法人）、その他一定の法人に限られることとなりました。

計算方法の選択

一括貸倒引当金の繰入限度額の計算には、次の2通りの計算方法があります。どちらも採用することができる会社（中小法人）は、いずれか有利になる方法を選択することができます。

■ **貸倒実績率による繰入額の計算**

　　一括評価金銭債権 × 貸倒実績率 ＝ 一括貸倒引当金繰入限度額

■ **法定繰入率による繰入額の計算**

　　（一括評価金銭債権－債務のうち一定のもの）× 法定繰入率
　　　　＝ 一括貸倒引当金繰入限度額

一括評価金銭債権

一括貸倒引当金の設定対象となる金銭債権（一括評価金銭債権）は、将来**現金となる債権**で貸し倒れる可能性がある債権に限られます。

また、本来**収益計上される債権の元本**であることがその前提となっています。収益計上の先には税金の負担がありますので、その収益計上に関する債権について、将来の貸倒れによる損失の見込額を必要経費として認めるというのがその狙いです。

例外的な取扱いをする債権

上記のようなことを前提にして、例外的な取扱いとなっている債権には次のようなものがあります。

〇 既存債権がある割引手形、裏書手形

営業取引により受け取った受取手形は、その債権は通常、もともと売上によって生じた売掛金を回収する目的で受け取った受取手形です。割引手形や裏書手形は、その手形が不渡りになれば当社が弁済しなければならない責務を負いますので、その売上との対応関係は引き続き手形が決済されるまでの間、既存していると考えて、一括評価金銭債権として認識することになっています。

しかし、そういった既存がない割引手形や裏書手形については、売掛債権が既存するものではありませんので、一括評価金銭債権から除くことになっています。

〇 預貯金、預金利息の未収利子

預貯金や預金利息の未収利子は、債務者が銀行であるため、近い将来に貸し倒れる可能性は通常ありませんので除かれます。

〇 未収配当金

未収配当金は通常、利益があるから配当が確定するものですので、これも相手方において貸し倒れる可能性はないと考え、一括評価金銭債権から除くことになっています。

まとめ

一括評価金銭債権をまとめると、次のような債権が該当します。

一括評価金銭債権となる債権	一括評価金銭債権とならない債権
・売掛金、完成工事未収金 ・貸付金、左の未収利子 ・受取手形、割引手形、裏書手書 ・先日付小切手 ・譲渡に係る未収金 ・未収損害賠償金　など	・預貯金、公社債の元本 ・上記の未収利子 ・未収配当金 ・保証金、敷金、預け金 ・手付金、前払費用 ・仮払費用 ・既存債権のない割引手形 ・既存債権のない裏書手形 ・個別評価設定対象債権　など

個別評価の設定対象となった債権は除かれる

一括貸倒引当金の対象となる金銭債権（一括評価金銭債権）は、個別貸倒引当金の設定対象となった債権をすべて除きます。

しかし、貸倒損失を計上した際に備忘価額などとして残した債権については、他の債権と同様に一括評価の設定対象となります。

■ 個別貸倒引当金の対象債権

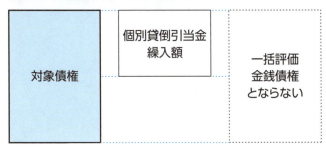

■ **貸倒損失の対象債権**

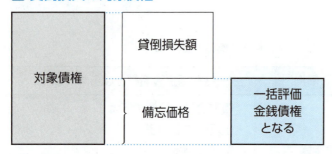

債権区分のまとめ

　期末時点で会社に存在する債権を区分すると「個別評価の設定対象債権」「一括評価金銭債権」「その他の債権」の3種類に区分することができます。このうち、一括貸倒引当金の設定対象となる債権は、一括評価金銭債権とされる債権に限られます。

実質的に債権とみられないものの額

　一括評価金銭債権のうち、その相手方に対して一定の債務がある場合には、その債権と債務は相殺される関係にありますので、[実質的に債権とみられないものの額]として、別表11（1の2）の㉕欄にその金額を記載します。

■ **個別法と簡便法**

　この「実質的に債権とみられないものの額」の計算は、同一人に対する債権と債務を個々に抽出して計算する個別法と、過去の実績により計算した控除割合を使用して計算する簡便法によるものがあります。

■ **少ない方を採用すると有利**

　どちらも選択できる場合には、少なくなる方を選択した方が、貸倒引当金の繰入限度額が大きくなります。つまり、一括評価金銭債権から実質的に債権とみられないものの額を控除した残額に一定の法定繰入率を乗じて貸倒引当金の繰入限度額を計算しますので、控除する金額が少なければ少ないほど、計算結果は大きくなるわけです。

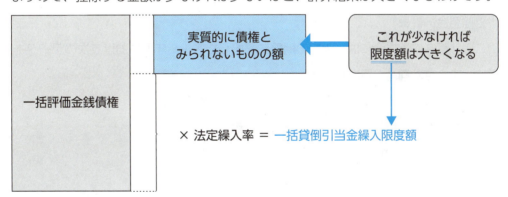

■ **個別法による計算（別表11（1の2）の㉕欄）**

　実質的に債権とみられないものの額の個別法の計算は、177ページで説明した個別貸倒引当金の計算における、「実質的に債権とみられない部分の金額」とほぼ同じようにして計算します。

　しかし、その対象となる債務のうち、個別貸倒引当金の計算では除かれていた「支払手形」も、一括貸倒引当金の計算では債務等としてカウントし、その相手方に対する債権と債務のいずれか少ない金額を「実質的に債権とみられないものの額」として計算します。

金銭債権	債務等
売掛金または受取手形	買掛金
貸付金	支払手形
売掛金	営業保証金
	借入金
完成工事未収金	未成工事受入金
未収地代家賃	敷金
使用人貸付金	その使用人からの預り金

■ 簡便法による計算(別表11(1の2)の㉗欄から㉚欄)

　平成27年4月1日以前に設立された会社である場合には、平成27年4月1日から平成29年3月31日に開始した各事業年度のデータを基にして、「実質的に債権とみられないものの額」を簡便計算することができます。

①控除割合の計算

　この計算をする場合には、上記の期間に開始した各事業年度における次のデータを基にして、控除割合を算出します。

$$\frac{各事業年度の実質的に債権とみられないものの額の合計額}{各事業年度の一括評価金銭債権の額の合計額}$$

　＝ 控除割合（小数点以下3位未満切捨て）

②実質的に債権とみられないものの額の計算

　上記の控除割合を当期の一括評価金銭債権に乗じて「実質的に債権とみられないものの額」を計算します。

　　　　一括評価金銭債権 × 控除割合 ＝ 実質的に債権とみられないものの額

別表11(1の2)

一括評価金銭債権に係る貸倒引当金の損金算入に関する明細書

| 事業年度又は連結事業年度 | ・ ・ | 法人名 | （　　　　） |

繰入限度額の計算

当期繰入額	1		円
期末一括評価金銭債権の帳簿価額の合計額 (24の計)	2		円
貸倒実績率 (17)	3		
実質的に債権とみられないものの額を控除した期末一括評価金銭債権の帳簿価額の合計額 (26の計)	4		円
法定の繰入率	5		/1,000
繰入限度額 ((2)×(3)) 又は ((4)×(5))	6		円
公益法人等・協同組合等の繰入限度額 (6)× 102、104、106又は108 / 100	7		円
繰入限度超過額 (1)－((6)又は(7))	8		円

貸倒実績率の計算

前3年内事業年度(設立事業年度である場合には当該事業年度又は連結事業年度)末における一括評価金銭債権の帳簿価額の合計額	9		円
(9) / 前3年内事業年度における事業年度及び連結事業年度の数	10		円
前3年内事業年度又は連結事業年度(設立事業年度である場合の合計額)	令第96条第6項第2号イの貸倒れによる損失の額の合計額	11	
	損金の額に算入された令第96条第6項第2号ロの金額の合計額	12	
	損金の額に算入された令第96条第6項第2号ハの金額の合計額	13	
	益金の額に算入された令第96条第6項第2号ニの金額の合計額	14	
	貸倒れによる損失の額等の合計額 (11)＋(12)＋(13)－(14)	15	
(15)× 12 / 前3年内事業年度における事業年度及び連結事業年度の月数の合計	16		
貸倒実績率 (16)/(10) （小数点以下4位未満切上げ）	17		

一括評価金銭債権の明細

勘定科目	期末残高	売掛債権等とみなされる額及び貸倒否認額	(18)のうち税務上貸倒れがあったものとみなされる額及び売掛債権等に該当しないものの額	個別評価の対象となった売掛債権等の額及び非適格合併等により合併法人等に移転する売掛債権等の額	法第52条第1項第3号に該当する法人の令第96条第9項各号の金銭債権以外の金銭債権の額	連結完全支配関係がある連結法人に対する売掛債権等の額	期末一括評価金銭債権の額 (18)＋(19)－(20)－(21)－(22)－(23)	**個別法** 実質的に債権とみられないものの額	差引期末一括評価金銭債権の額 (24)－(25)
	18	19	20	21	22	23	24	25	26
	円	円	円	円	円	円	円	円	円
計								★	

個別法または簡便法の計算で選択した金額（少ない方）を記載する

合計額を記載

簡便法　基準年度の実績により実質的に債権とみられないものの額を計算する場合の明細

平成27年4月1日から平成29年3月31日までの間に開始した各事業年度末の一括評価金銭債権の額の合計額	27	債権からの控除割合 (28)/(27) （小数点以下3位未満切捨て）	29
同上の各事業年度末の実質的に債権とみられないものの額の合計額	28	実質的に債権とみられないものの額 (24の計)×(29)	30 円

貸倒実績率を採用する場合の別表11（1の2）

　貸倒実績率の計算は、別表11（1の2）の⑨欄から⑰欄を用いて計算します。そして⑰欄の数値（0.1235）を③欄［貸倒実績率］に転記します。

　③ ☞ ⑰ 0.1235を転記する

　次に、その数値を②欄［期末一括評価金銭債権の帳簿価額の合計額］の金額（16,350,000円）に乗じた金額（2,019,225円）を⑥欄［繰入限度額］に記載します。

　⑥ ☞ 16,350,000円 × 0.1235 ＝ 2,019,225円

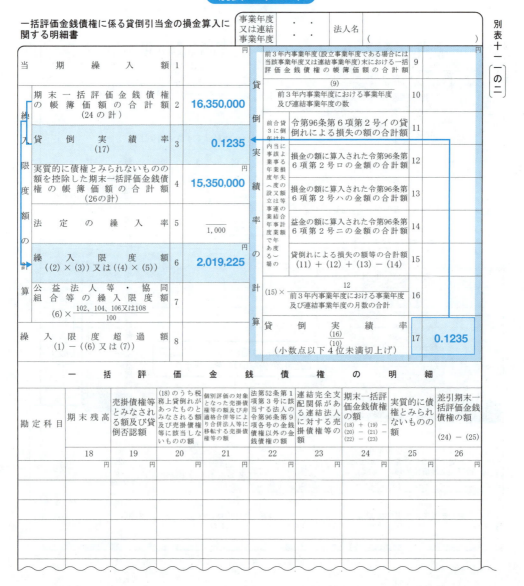

■ 貸倒実績率の算出

17欄［貸倒実績率］に記載する金額は、過去3年間における貸し倒れの実績を測定して算出します。

貸し倒れの実績とは、売掛債権等（一括評価金銭債権の設定対象債権と同種の債権）にかかる「貸倒損失の発生額」と「個別貸倒引当金の発生額」に限定した貸し倒れの実績を使用します。これは一括評価金銭債権にかかる貸倒実績率を計算するために、同種の債権に関する貸倒損失額等に限定する必要があるからです。

なお、売掛債権等と一括評価金銭債権の違いをまとめると、次のようになります。

貸倒損失の対象債権	一括評価の対象債権	個別評価の対象債権	
売掛債権等（貸倒損失額等）	売掛債権等（一括評価金銭債権）	売掛債権等（貸倒損失額等）	計算に関係させる部分
その他の債権	その他の債権	その他の債権	

そして、これらの貸倒損失額等を一括評価金銭債権で除して、その発生率を算出します。小数点以下の端数があるときは、小数点4位未満を切り上げます。なお、この計算は別表11（1の2）9欄から17欄を使用します。

$$\frac{\text{前3年内事業年度の貸倒損失額等の合計額} \times 12/36}{\text{前3年内事業年度末における一括評価金銭債権の合計額} \div 3}$$

$= 0.123456\cdots \rightarrow 0.1235$（小数点以下4位未満切上）

■ 分母の算式

分母の算式は、別表11(1の2)の9欄と10欄を使用して計算します。

まず、9欄［前3年内事業年度（設立事業年度である場合には当該事業年度）末における一括評価金銭債権の帳簿価額の合計額］に、過去3年間の事業年度末日における一括評価金銭債権の額の合計額を記載します。ここで記載する金額は、税務上の金額である必要がありますので、別表5(1)においてその各債権についての調整額があるときは、その金額を加減算するのを忘れないようにしてください。通常は過去3年間の別表11（1の2）の26欄の計を合計します。

9 ☞ 24欄の合計（過去3年分）

次に⑩欄〔(9)／前3年内事業年度における事業年度の数〕に、上記⑨欄に記載した金額を過去3年間の事業年度の数で除した金額を記載します。通常であれば「3」で

一括評価金銭債権に係る貸倒引当金の損金算入に関する明細書			事業年度又は連結事業年度	・ ・ ・ ・	法人名	( )	別表十一(一)の二

繰入限度額の計算	当 期 繰 入 額	1	円	貸倒実績率の計算	前3年内事業年度（設立事業年度である場合には当該事業年度又は連結事業年度）末における一括評価金銭債権の帳簿価額の合計額	9	円 51,060,000
	期末一括評価金銭債権の帳簿価額の合計額 (24の計)	2			(9) / 前3年内事業年度における事業年度及び連結事業年度の数	10	17,020,000
	貸 倒 実 績 率 (17)	3			前合貸3計年倒内にれ当事該業事年業度年内度に（設立事業年度等又は連結事業年度である場合）の	令第96条第6項第2号イの貸倒れによる損失の額の合計額	11	
	実質的に債権とみられないものの額を控除した期末一括評価金銭債権の帳簿価額の合計額 (26の計)	4				損金の額に算入された令第96条第6項第2号ロの金額の合計額	12	
	法 定 の 繰 入 率	5	1,000			損金の額に算入された令第96条第6項第2号ハの金額の合計額	13	
	繰 入 限 度 額 ((2)×(3))又は((4)×(5))	6				益金の額に算入された令第96条第6項第2号ニの金額の合計額	14	
	公益法人等・協同組合等の繰入限度額 (6)× 102, 104, 106又は108 / 100	7				貸倒れによる損失の額等の合計額 (11)+(12)+(13)-(14)	15	
					(15)× 12 / 前3年内事業年度における事業年度及び連結事業年度の月数の合計	16	
	繰 入 限 度 超 過 額 (1)-((6)又は(7))	8			貸 倒 実 績 率 (16)/(10) （小数点以下4位未満切上げ）	17	

一 括 評 価 金 銭 債 権 の 明 細									
勘定科目	期末残高	売掛債権等とみなされる額及び貸倒否認額	(18)のうち税務上貸倒れがあったものとみなされる額及び売掛債権等に該当しないものの額	個別評価の対象となった売掛債権等の額及び適格合併等により移転する売掛債権等の額	法第52条第1項第3号に該当する法人の令第96条第9項各号の金銭債権以外の金銭債権の額	連結完全支配関係がある連結法人に対する売掛債権等の額	期末一括評価金銭債権の額 (18)+(19)-(20)-(21)-(22)-(23)	実質的に債権とみられないものの額	差引期末一括評価金銭債権の額 (24)-(25)
	18	19	20	21	22	23	24	25	26
	円	円	円	円	円	円	円	円	円
計									

過去3年分のこの欄の金額を使用する

基準年度の実績により実質的に債権とみられないものの額を計算する場合の明細					
平成27年4月1日から平成29年3月31日までの間に開始した各事業年度末の一括評価金銭債権の額の合計額	27	円	債権からの控除割合 (28)/(27) （小数点以下3位未満切捨て）	29	
同上の各事業年度末の実質的に債権とみられないものの額の合計額	28		実質的に債権とみられないものの額 (24の計)×(29)	30	円

除しますが、設立事業年度であれば「1」を、半年決算法人であれば「6」で除すことになります。つまり、⑨欄で合計した事業年度の数で除して、一事業年度分の平均値を計算します。

$$⑩ \Rightarrow \frac{51,060,000円}{3} = 17,020,000円$$

■ 分子の算式

187ページの分子の算式は、次ページのように別表11（1の2）の⑪欄から⑯欄を使用して計算します。

○ ⑪欄：過去3年間の貸倒損失額の合計額

売掛債権等にかかる貸倒損失額の合計額を記載します。

○ ⑫欄：過去3年間の個別貸倒引当金額の繰入額

売掛債権等にかかる個別貸倒引当金の繰入額の合計額を記載します。通常は過去3年間の別表11（1）の⑲欄[貸倒れによる損失の額等の合計額]に加える金額の計を合計して記載します。

○ ⑭欄：過去3年間の個別貸倒引当金額の戻入額

過去において⑫欄に記載した個別貸倒引当金の戻入額の合計額を記載します。

■ 弁済による戻入れはカウントしない

⑭欄に記載する戻入額の合計額は、設定対象債権の弁済があったことによって個別貸倒引当金を設定する必要がなくなったための戻し入れをカウントしませんので注意が必要です。

つまり、貸倒損失として処理するためのものや、単なる洗い替えによる戻入額の合計額を記載することになります。通常は過去3年間の別表11（1）の㉔欄[（22）又は（23）に金額の記載がある場合の（21）の金額]の計を合計して記載します。

上記⑪欄、⑫欄、⑭欄の記載が終了したら、⑮欄においてその集計額（=⑪欄+⑫欄-⑭欄）を記載します。

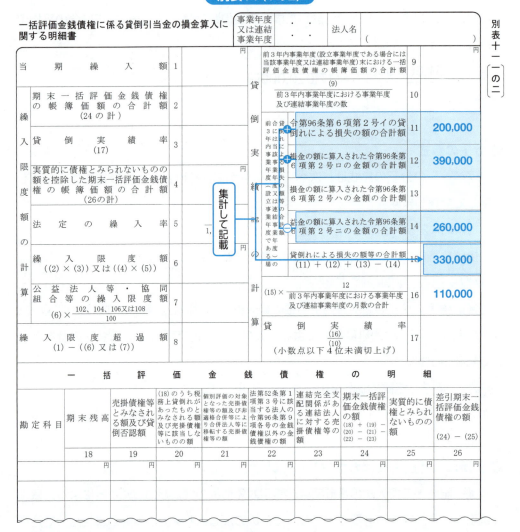

■ 過去3年間の別表11（1）と当期の別表11（1の2）の関係

当期の別表11（1の2）の⑫欄、⑭欄に記載する金額は、前期以前3年間の別表11(1)の⑲欄の計、㉔欄の計を合計して記載します。

それぞれの別表の関係をまとめると、次のようになります。

	過去3年間の別表	当期の別表
個別貸倒引当金の繰入	別表11（1） ⑲欄計を合計	別表11（1の2） ⑫欄計を合計
個別貸倒引当金の戻入	別表11（1） ㉔欄計を合計	別表11（1の2） ⑭欄計を合計

■ 3年前の別表11(1)

別表11(1)

個別評価金銭債権に係る貸倒引当金の損金算入に関する明細書

| 事業年度又は連結事業年度 | X1・4・1 ～ X2・3・31 | 法人名 | ( ) |

← 3年前

債務者	住所又は所在地	1	大阪市淀川区				計
	氏名又は名称（外国政府等の別）	2	A社 ( )	( )	( )	( )	
個別評価の事由		3	令第96条第1項第**3**号該当	令第96条第1項第 号該当	令第96条第1項第 号該当	令第96条第1項第 号該当	
同上の発生時期		4	X1・8・10	・・	・・	・・	
当期繰入額		5	130,000 円	円	円	円	円
繰入限度額の計算	個別評価金銭債権の額	6	260,000				
	(6)のうち5年以内に弁済される金額（令第96条第1項第1号に該当する場合）	7					
	(6)のうち取立て等の見込額 担保権の実行による取立て等の見込額	8					
	他の者の保証による取立て等の見込額	9					
	その他による取立て等の見込額	10					
	(8)+(9)+(10)	11	0				
	(6)のうち実質的に債権とみられない部分の金額	12					
	(6)-(7)-(11)-(12)	13	260,000				
	令第96条第1項第1号該当 (13)	14					円
	令第96条第1項第2号該当 (13)	15					
	令第96条第1項第3号該当 (13)×50%	16	130,000				
	令第96条第1項第4号該当 (13)×50%	17					
繰入限度超過額 (5)-((14)、(15)、(16)又は(17))		18	0				
貸倒実績率の計算の基礎となる金額の明細	貸倒れによる損失の額等の合計額に加える金額（(6)の個別評価金銭債権が売掛債権等である場合の(5)と((14)、(15)、(16)又は(17))のうち少ない金額）	19	130,000				130,000
	貸倒れの額の合計額に係る控除損失の額等の金額 前期の個別評価金銭債権の額（前期の(6)）	20					
	(20)の個別評価金銭債権が売掛債権等である場合の当該個別評価金銭債権に係る損金算入額（前期の(19)）	21					
	(21)に係る売掛債権等が当期において貸倒れとなった場合のその貸倒れとなった金額	22					
	(21)に係る売掛債権等が当期においても個別評価の対象となった場合のその対象となった金額	23					
	(22)又は(23)に金額の記載がある場合の(21)の金額	24					

→ 当期の別表11(1の2) 12 へ

別表十一(一)

191

■ 2年前の別表11(1)

別表11(1) ← 2年前

個別評価金銭債権に係る貸倒引当金の損金算入に関する明細書

事業年度又は連結事業年度 X2・4・1 〜 X3・3・31

法人名 (　　　　　)

別表十一(一)

債務者	住所又は所在地	1	大阪市淀川区				計
	氏名又は名称（外国政府等の別）	2	A社	( )	( )	( )	
	個別評価の事由	3	令第96条第1項第 **3** 号該当	令第96条第1項第　号該当	令第96条第1項第　号該当	令第96条第1項第　号該当	
	同上の発生時期	4	X1・8・10	・　・	・　・	・　・	
繰入限度額の計算	当期繰入額	5	130,000 円	円	円	円	円
	個別評価金銭債権の額	6	260,000				
	(6)のうち5年以内に弁済される金額（令第96条第1項第1号に該当する場合）	7					
	(6)のうち取立て等の見込額 担保権の実行による取立て等の見込額	8					
	他の者の保証による取立て等の見込額	9					
	その他による取立て等の見込額	10					
	(8)+(9)+(10)	11	0				
	(6)のうち実質的に債権とみられない部分の金額	12					
	(6)-(7)-(11)-(12)	13	260,000				
	繰入限度額 令第96条第1項第1号該当 (13)	14					円
	令第96条第1項第2号該当 (13)	15					
	令第96条第1項第3号該当 (13)×50%	16	130,000				
	令第96条第1項第4号該当 (13)×50%	17					
	繰入限度超過額 (5)-((14)、(15)、(16)又は(17))	18	0				
貸倒実績率の計算の基礎となる金額の明細	貸倒れによる損失の額等の合計額に加える金額（(6)の個別評価金銭債権が売掛債権等である場合の(5)と((14)、(15)、(16)又は(17))のうち少ない金額）	19	130,000	当期の別表11(1の2)⑫へ ←			130,000
	貸倒れ合計額による控除する金額等の額 前期の個別評価金銭債権の額（前期の(6)）	20	260,000				260,000
	(20)の個別評価金銭債権が売掛債権等である場合の当該個別評価金銭債権に係る損金算入額（前期の(19)）	21					
	(21)に係る売掛債権等が当期において貸倒れとなった場合のその貸倒れとなった金額	22					
	(21)に係る売掛債権等が当期においても個別評価の対象となった場合のその対象となった金額	23	130,000				130,000
	(22)又は(23)に金額の記載がある場合の(21)の金額	24	130,000	当期の別表11(1の2)⑭へ ←			130,000

■ 1年前の別表11(1)

別表11(1)

個別評価金銭債権に係る貸倒引当金の損金算入に関する明細書

事業年度又は連結事業年度 X3・4・1 ～ X4・3・31 ←1年前

法人名 （　　　）

別表十一（一）

債務者	住所又は所在地	1	大阪市淀川区	( )	( )	( )	計
	氏名又は名称（外国政府等の別）	2	A社				

個別評価の事由	3	令第96条第1項第3号該当	令第96条第1項第 号該当	令第96条第1項第 号該当	令第96条第1項第 号該当	
同上の発生時期	4	X1・8・10	・ ・	・ ・	・ ・	

			円	円	円	円	円
当期繰入額		5	130,000				

繰入限度額の計算

	個別評価金銭債権の額	6	260,000				
	(6)のうち5年以内に弁済される金額（令第96条第1項第1号に該当する場合）	7					
(6)のうち取立て等の見込額	担保権の実行による取立て等の見込額	8					
	他の者の保証による取立て等の見込額	9					
	その他による取立て等の見込額	10					
	(8)+(9)+(10)	11	0				
	(6)のうち実質的に債権とみられない部分の金額	12					
	(6)-(7)-(11)-(12)	13	260,000				
繰入限度額	令第96条第1項第1号該当 (13)	14					円
	令第96条第1項第2号該当 (13)	15					
	令第96条第1項第3号該当 (13)×50%	16	130,000				
	令第96条第1項第4号該当 (13)×50%	17					

繰入限度超過額 (5)-((14)、(15)、(16)又は(17))	18	0				

貸倒実績率の計算の基礎となる金額の明細

貸倒れ額に合計よる控除損失の額等の金額の明細	貸倒れによる損失の額等の合計額に加える金額 ((6)の個別評価金銭債権が売掛債権等である場合の(5)と((14)、(15)、(16)又は(17))のうち少ない金額)	19	130,000	当期の別表11(1の2) 12 へ			130,000
	前期の個別評価金銭債権の額（前期の(6)）	20	260,000				260,000
	(20)の個別評価金銭債権が売掛債権等である場合の当該個別評価金銭債権に係る損金算入額（前期の(19)）	21					
	(21)に係る売掛債権等が当期において貸倒れとなった場合のその貸倒れとなった金額	22					
	(21)に係る売掛債権等が当期においても個別評価の対象となった場合のその対象となった金額	23	130,000				130,000
	(22)又は(23)に金額の記載がある場合の(21)の金額	24	130,000	当期の別表11(1の2) 14 へ			130,000

■ 貸倒損失を発生事業年度でカウントする

　189ページで説明した3箇所の欄にそれぞれ該当する金額を記載することによって、過去3年間における貸倒損失の発生額のみを捉えることができるようになります。

　つまり、下図（ここから197ページまで、わかりやすくするために、設例や数値を簡略化して説明しています）のA債権については、4年前に個別貸倒引当金の繰入が発生しましたので、その後の事業年度においては戻入額と繰入額を共に⑭欄と⑫欄に記載することにより、結果的に過去3年間の発生額から排除することになります。

　また、B債権のように、3年前に個別貸倒引当金の繰入が発生した場合には、その後の事業年度において戻入額と繰入額を共に記載することにより、過去2年間の発生額から排除することができ、結果的に当期には、3年前の発生額のみがカウントされることになります。

　また、C債権のように、その後の事業年度において貸倒損失を計上したものについても、繰り入れ当初の発生額のみがカウントされることになります。

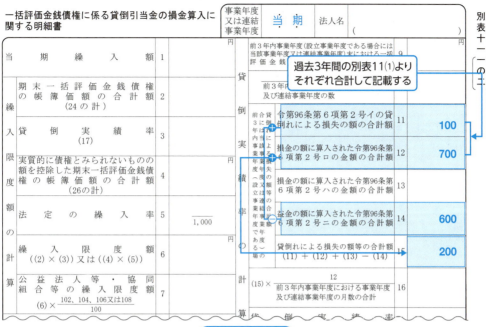

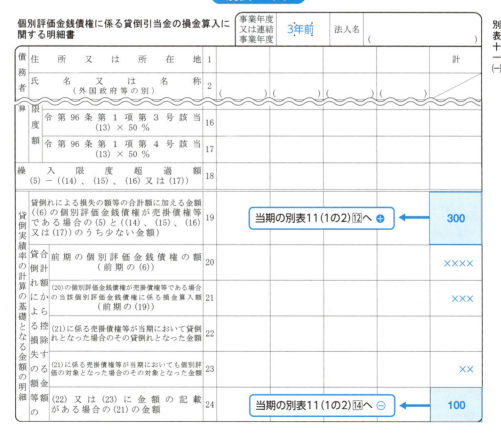

個別評価金銭債権に係る貸倒引当金の損金算入に関する明細書 （事業年度又は連結事業年度：2年前）

別表十一(一)

							計
債務者	住所又は所在地	1					
	氏名又は名称（外国政府等の別）	2	( )	( )	( )	( )	
	個別評価の事由	3	令第96条第1項第 号該当	令第96条第1項第 号該当	令第96条第1項第 号該当	令第96条第1項第 号該当	

〜〜〜

				計
	(5)－((14)、(15)、(16) 又は(17))	18		
貸倒実績率の計算の基礎となる金額の明細	貸倒れによる損失の額等の合計額に加える金額（(6)の個別評価金銭債権が売掛債権等である場合の(5)と((14)、(15)、(16) 又は(17)) のうち少ない金額）	19	当期の⑫へ ⊕	**200**
	合計額にかよる控除損失する額金等の	前期の個別評価金銭債権の額（前期の(6))	20		××××
		(20)の個別評価金銭債権が売掛債権等である場合の当該個別評価金銭債権に係る損金算入額（前期の(19))	21		×××
		(21)に係る売掛債権等が当期において貸倒れとなった場合のその貸倒れとなった金額	22	当期の⑪へ ⊕	**100**
		(21)に係る売掛債権等が当期においても個別評価の対象となった場合のその対象となった金額	23		×××
		(22) 又は(23) に金額の記載がある場合の(21)の金額	24	当期の⑭へ ⊖	**300**

個別評価金銭債権に係る貸倒引当金の損金算入に関する明細書 （事業年度又は連結事業年度：1年前）

別表十一(一)

							計
債務者	住所又は所在地	1					
	氏名又は名称（外国政府等の別）	2	( )	( )	( )	( )	
	個別評価の事由	3	令第96条第1項第 号該当	令第96条第1項第 号該当	令第96条第1項第 号該当	令第96条第1項第 号該当	

〜〜〜

				計
	(5)－((14)、(15)、(16) 又は(17))	18		
貸倒実績率の計算の基礎となる金額の明細	貸倒れによる損失の額等の合計額に加える金額（(6)の個別評価金銭債権が売掛債権等である場合の(5)と((14)、(15)、(16) 又は(17)) のうち少ない金額）	19	当期の⑫へ ⊕	**200**
	合計額にかよる控除損失する額金等の	前期の個別評価金銭債権の額（前期の(6))	20		××××
		(20)の個別評価金銭債権が売掛債権等である場合の当該個別評価金銭債権に係る損金算入額（前期の(19))	21		×××
		(21)に係る売掛債権等が当期において貸倒れとなった場合のその貸倒れとなった金額	22		
		(21)に係る売掛債権等が当期においても個別評価の対象となった場合のその対象となった金額	23		×××
		(22) 又は(23) に金額の記載がある場合の(21)の金額	24	当期の⑭へ ⊖	**200**

　なお、C債権が仮に50％基準における個別貸倒引当金（174ページ参照）で、その債権額の半分（100円）を3年前に繰り入れ、その後の事業年度においてその債権の

全額（200円）が貸し倒れた場合には、当初の個別貸倒引当金の繰入額が一次的な貸倒損失の発生額としてカウントされ、残りの債権については、貸倒損失として処理した事業年度において二次的な貸倒損失の発生があったものとして、それぞれの事業年度で分割してカウントされる結果となります。

	3年前	2年前	1年前	結果
	C債権 個別繰入+100	戻入△100	貸損+200	200円

$$100 - 100 + 200 = 200$$

次に別表11（1の2）の⑯欄では、⑮欄に記載した金額に「12」を乗じて「36」で除した金額を記載します。

⑯ ☞ $200 \times \dfrac{12}{36} \fallingdotseq 66$

最後に⑰欄において、⑩欄の金額を⑯欄の金額で除して貸倒実績率を算出します。

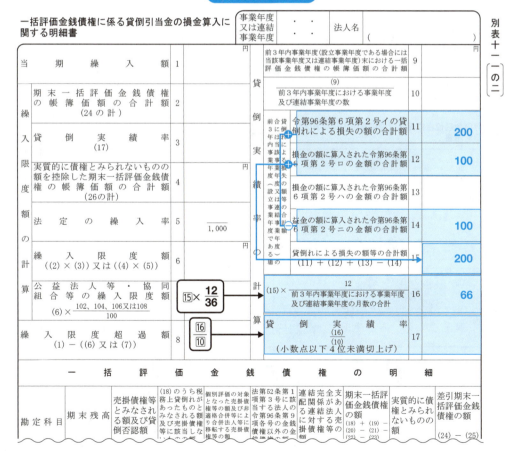

別表11（1の2）

法定繰入率を採用する場合の別表11（1の2）

　法定繰入率は、会社が営む事業の種類により、それぞれ次のように定められています。なお、会社が複数の事業を営んでいる場合には、主たる事業の法定繰入率を使用します。

主たる事業	法定繰入率
製造業	8／1000
卸売・小売業	10／1000
金融・保険業	3／1000
割賦販売業	7／1000
その他の事業	6／1000

　別表11（1の2）の⑤欄［法定の繰入率］に、上表により当社が使用すべき法定繰入率を記載します。

　⑤ ☞ $\dfrac{10}{1000}$

　そして、その数値を④欄[実質的に債権とみられないものの額を控除した期末一括評価金銭債権の帳簿価額の合計額]に記載した金額に乗じて、⑥欄［繰入限度額］に記

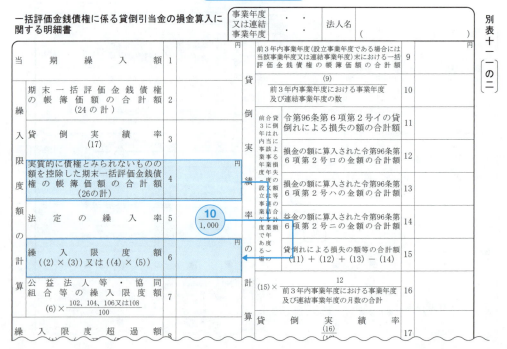

載する金額を計算します。

$$\boxed{6} \; ☞ \; \boxed{4} \times \frac{10}{1000}$$

貸倒実績率と法定繰入率の選択

貸倒実績率 により計算した繰入限度額と **法定繰入率** により計算した繰入限度額は、そのいずれかを選択することができます。

このとき、別表11（1の2）の$\boxed{6}$欄［繰入限度額］に記載する金額は、当社が選択した計算方法による繰入限度額を記載して、選択しなかった金額は記載しません。通常は繰入限度額が大きい方の金額を記載します。

別表11（1の2）

一括評価金銭債権に係る貸倒引当金の損金算入に関する明細書

当 期 繰 入 額　1		円
期末一括評価金銭債権の帳簿価額の合計額　2（24の計）	16,350,000	円
貸 倒 実 績 率　3（17）	0.1235	
実質的に債権とみられないものの額を控除した期末一括評価金銭債権の帳簿価額の合計額　4（26の計）	15,350,000	円
法 定 の 繰 入 率　5	$\frac{10}{1,000}$	
繰 入 限 度 額　6　((2)×(3))又は((4)×(5))	2,019,225	円
公益法人等・協同組合等の繰入限度額　7　(6)×$\frac{102,104,106又は108}{100}$		
繰 入 限 度 超 過 額　8　(1)－((6)又は(7))		

（貸倒実績率の計算欄）
- 前3年内事業年度（設立事業年度である場合には当該事業年度又は連結事業年度）末における一括評価金銭債権の帳簿価額の合計額　9
- 前3年内事業年度における事業年度及び連結事業年度の数　10　(9)
- 令96条第6項第2号イの貸倒れによる損失の額の合計額　11
- 損金の額に算入された令96条第6項第2号ロの金額の合計額　12
- 損金の額に算入された令96条第6項第2号ハの金額の合計額　13
- 益金の額に算入された令96条第6項第2号ニの金額の合計額　14
- 貸倒れによる損失の額等の合計額　15　(11)＋(12)＋(13)－(14)
- (15)×$\frac{12}{\text{前3年内事業年度における事業年度及び連結事業年度の月数の合計}}$　16
- 貸 倒 実 績 率　17　$\frac{(16)}{(10)}$（小数点以下4位未満切上げ）

いずれかを選択して記載する

一括評価金銭債権の明細

勘定科目	期末残高	売掛債権等とみなされる額及び貸倒否認額	(18)のうち税務上貸倒れがあったものとみなされる額及び売掛債権等に該当しないものの額	個別評価の対象となった売掛債権等の額及び貸倒否認額	法第52条第1項第3号に該当する適格合併等により移転する売掛債権等の額	連結完全支配関係がある連結法人に対する売掛債権等以外の金銭債権の額	期末一括評価金銭債権の額 (18)＋(19)－(20)－(21)－(22)－(23)	実質的に債権とみられないものの額	差引期末一括評価金銭債権の額 (24)－(25)
	18	19	20	21	22	23	24	25	26
	円	円	円	円	円	円	円	円	円

⑥ ☞
- ①貸倒実績率
  16,350,000円 × 0.1235 = 2,019,225円
- ②法定繰入率
  15,350,000円 × 10/1000 = 1,535,000円
- ③ 2,019,225円 > 1,535,000円 ∴ 2,019,225円

会社繰入額の記載と税務調整

　別表11（1の2）の⑥欄［繰入限度額］の記載（2,019,225円）が終われば、最後に会計上の貸倒引当金の繰入額を①欄［当期繰入額］に記載します。

　ここに記載する金額が下図【パターン2】のように、税務上の繰入限度額よりも多ければ、その差額は繰入超過額となりますので、別表4上において加算留保の申告調整と別表5（1）における記載が必要になります。

　逆に、ここに記載する金額が下図【パターン1】のように、税務上の繰入限度額よりも少なければ、その差額は不足切り捨てとなり、税務調整する金額はありません。

　通常は、⑥欄［繰入限度額］に記載した金額以下の金額を会計上の貸倒引当金として繰り入れて、調整額が出ないようにします。

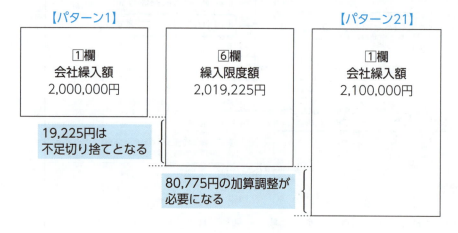

パターン1 不足切り捨てとなるケース

①欄の金額（2,000,000円）から⑥欄の金額（2,019,225円）を差し引いて、その計算結果が**マイナス**となる場合（△19,225円＝2,000,000円－2,019,225円）には、⑧欄［繰入限度超過額］の欄は「0」を記載します。

⑧ ☞ ① 2,000,000円 － ⑥ 2,019,225 ＝△19,225円 → 0

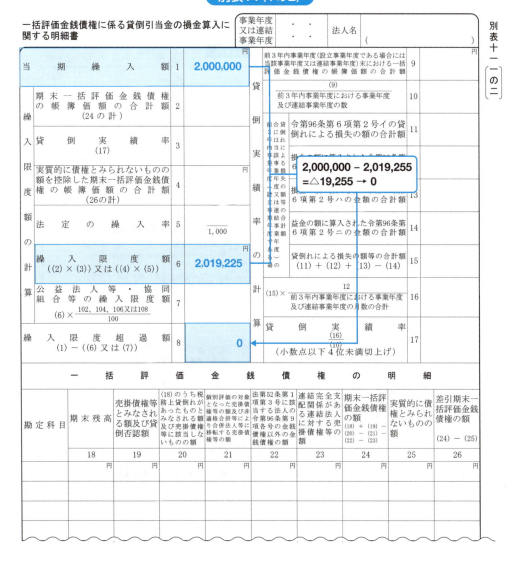

パターン2 繰入超過となるケース

①欄の金額（2,100,000円）から⑥欄の金額（2,019,225円）を差し引いて、その計算結果が**プラス**となる場合（80,775円＝ 2,100,000円－2,019,225円）には、⑧欄［繰入限度超過額］の欄はその計算結果の金額「80,775」を記載します。

⑧ ☞ ① 2,100,000円 － ⑥ 2,019,225円 ＝ 80,775円 → 80,775

繰入超過となる場合には、別表4、別表5(1)にもその金額を記載しなければいけませんので、注意が必要です。

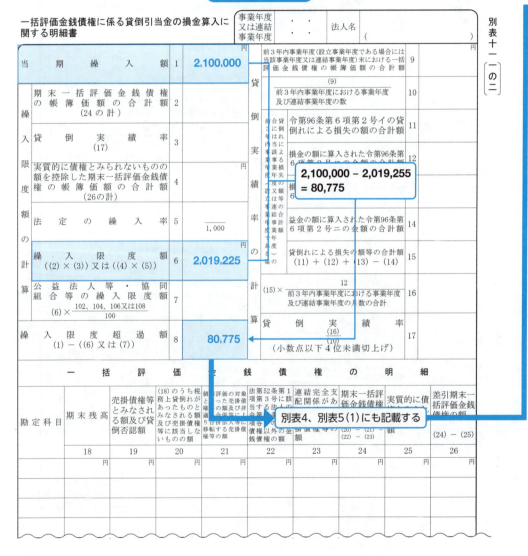

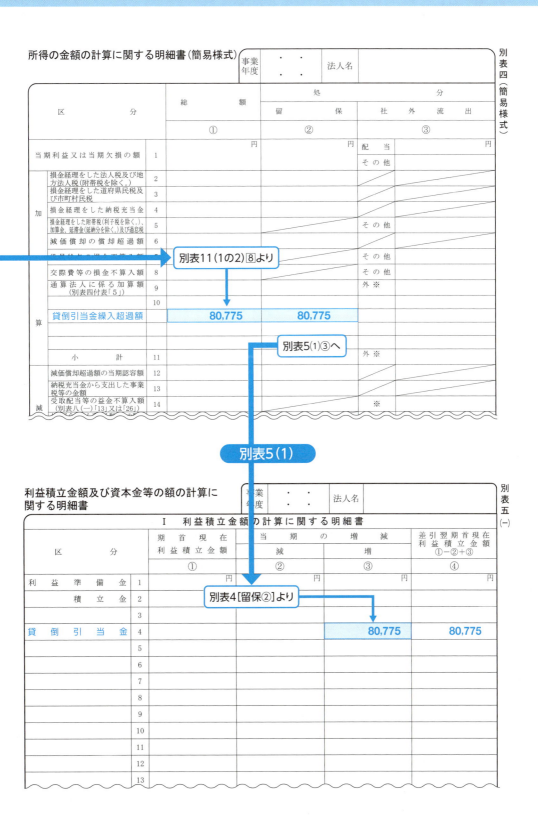

第4章

赤字についての処理

- 欠損金の繰越控除
- 欠損金の繰戻し還付

1 欠損金の繰越控除、繰戻し還付
─欠損事業年度の処理

使用する別表 ▶ 別表7(1)・欠損金の繰戻しによる還付請求書・別表1・別表4

当期において欠損金が生じた場合には、翌期以降の所得金額と通算する手続きである欠損金の繰越控除、前期に納付した法人税を還付する手続きである欠損金の繰戻し還付をそれぞれ選択適用することができます。

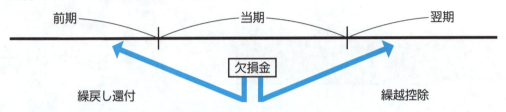

欠損金の繰越控除、欠損金の繰戻し還付の概要

　法人税納税の基本となる課税単位は、事業年度単位課税が採用されています。これは、事業年度で区切った各期間についてそれぞれの期間で算出された課税所得を基礎にして、各事業年度の法人税の納付額を決定しようとするものです。

　この場合、毎年利益がある法人にとっては、決まった時期にその利益(所得)に応じた法人税を納付するのみですから、事業年度単位課税を採用していることについて問題は起こりませんが、一旦赤字を出してしまった法人にとっては、担税力(税金を支払う力)の面で問題が生じてしまいます。

　下の図は、設立してから3事業年度の所得金額と法人税の関係を示したものです。

第1期	第2期	第3期	合計
所得金額 3,000万円 法人税額 900万円	欠損金額 5,000万円 法人税額 0万円	所得金額 2,000万円 法人税額 600万円	0万円 1,500万円

3,000万円×30%=900万円　　2,000万円×30%=600万円

法人税の税率は30％として計算しています。

第1期は黒字となったため、法人税の負担は9,000,000円となります。第2期は赤字だったので法人税の負担はありません。第3期では黒字となったため、法人税の負担は6,000,000円となります。

それぞれの事業年度単位での課税関係は、所得が生じた事業年度については法人税が課税され、欠損が生じた事業年度については、納付税額はありませんが、会社の利益と法人税の担税力の関係を3年間という周期で捉えれば、この会社は設立してから3年間で獲得した利益が0円であるのに対し、法人税の負担は15,000,000円にもなってしまいます。

そこで、そういった担税力を考慮して設けられた事業年度単位課税の特例が、欠損金の繰越控除や繰戻し還付という制度です。

欠損金の繰越控除

欠損金の繰越控除は、事業年度単位で生じた欠損金を翌事業年度以降9年間にわたって生じた所得と通算することによって、法人税の負担を軽減することができる制度です。

なお、平成27年度改正により、平成29年4月1日以後に開始する事業年度において生じた欠損金額については10年間の繰越控除が認められています。

■ 欠損金の繰越控除の適用を受けるための要件

欠損金の繰越控除は、次のいずれかの場合に適用があります。

- 青色申告書を提出している事業年度について欠損金が生じた場合
- 災害により欠損金が生じた場合

青色申告書を提出している法人に欠損金が生じた場合には、その理由を問わず、欠損金の繰越控除が適用されます。しかし、青色申告書を提出していない事業年度については、災害損失金に係る欠損金額のみが繰越控除の対象になります。

■ 別表4：所得の金額の計算に関する明細書

当期の欠損金額として翌期以降に繰り越すことができる金額は、別表4の㊽欄［所得金額又は欠損金額］のマイナス金額(△10,000,456円)となります。この金額を別表7(1)に転記します。

別表4

所得の金額の計算に関する明細書（簡易様式）

区　分		総　額①	処　分	
			留　保②	社外流出③
小　　計	11			外※
減価償却超過額の当期認容額	12			
納税充当金から支出した事業税等の金額	13			
受取配当等の益金不算入額（別表八「一」「13」又は「26」）	14			※
外国子会社から受ける剰余金の配当等の益金不算入額（別表八「二」「26」）	15			※
受贈益の益金不算入額	16			※
適格現物分配に係る益金不算入額	17			※
法人税等の中間納付額及び過誤納に係る還付金額	18			
所得税額等及び欠損金の繰戻しによる還付金額等	19			※
通算法人に係る減算額（別表四付表「10」）	20			※
	21			
小　　計	22			外※
仮　　計 (1)+(11)-(22)	23			外※
対象純支払利子等の損金不算入額（別表十七(二の二)「29」又は「34」）	24			その他
超過利子額の損金算入額（別表十七(二の三)「10」）	25	△		※　△
仮　　計 ((23)から(25)までの計)	26			外※
寄附金の損金不算入額（別表十四(二)「24」又は「40」）	27			その他
法人税額から控除される所得税額（別表六(一)「6の③」）	29			その他
税額控除の対象となる外国法人税の額（別表六(二の二)「7」）	30			その他
分配時調整外国税相当額及び外国関係会社等に係る控除対象所得税額等相当額(別表六(五の二)「5の②」+別表十七(三の六)「1」)	31			その他
合　　計 (26)+(27)+(29)+(30)+(31)	34	△10,000,456		外※
中間申告における繰戻しによる還付に係る災害損失欠損金額の益金算入額	37			※
非適格合併又は残余財産の全部分配等による移転資産等の譲渡利益額又は譲渡損失額	38			※
差　引　計 (34)+(37)+(38)	39	△10,000,456		外※
更生欠損金又は民事再生等評価換えが行われる場合の再生等欠損金の損金算入額（別表七(三)「9」又は「21」）	40	△		※　△
通算対象欠損金額の損金算入額又は通算対象所得金額の益金算入額（別表七の三「5」又は「11」）	41			※
差　引　計 (39)+(40)±(41)	43	△10,000,456		外※
欠損金又は災害損失金等の当期控除額（別表七(一)「4の計」+別表七(四)「10」）	44	△		※　△
総　　計 (43)+(44)	45	△10,000,456		外※
残余財産の確定の日の属する事業年度に係る事業税及び特別法人事業税の損金算入額	51	△	△	
				外※
所得金額又は欠損金額	52	△10,000,456		

欠損のときは△を付ける

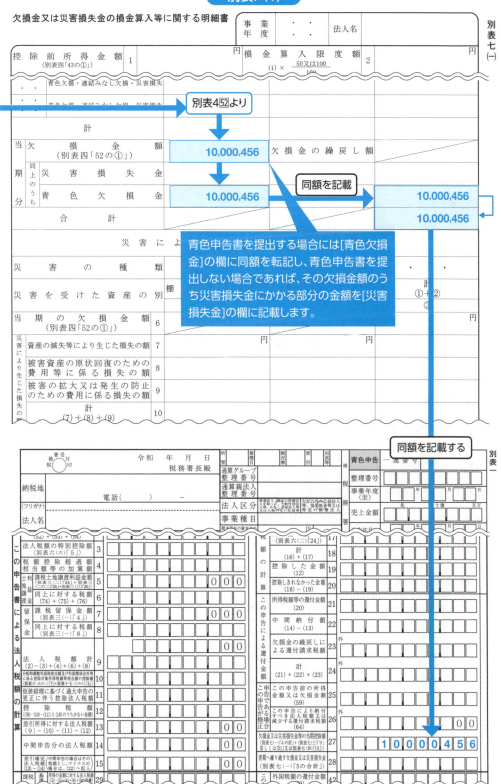

欠損金の繰戻し還付

　欠損金の繰戻し還付は、欠損事業年度前の1年間の事業年度について法人税を納付した事業年度がある場合には、その欠損金額を前事業年度の所得と通算することによって、納付した法人税の還付を受けることができる制度です。

■ 繰戻し還付を受けるための要件
　繰戻し還付を受けることができる法人※は、青色申告書を連続して提出する中小法人等です。

　※グループ法人税制の適用を受ける非中小法人等は除きます(105ページ参照)。

○ 中小法人等の範囲
　中小法人等とは、次のいずれかの法人が該当します。

- 普通法人のうち各事業年度終了の時において資本金の額が1億円以下であるもの
- 普通法人のうち各事業年度終了の時において出資金の額が1億円以下であるもの
- 普通法人のうち各事業年度終了の時において資本又は出資を有しないもの(保険業法に規定する相互会社等を除く)
- 公益法人等、協同組合等、人格のない社団等

○ 青色申告書を連続して提出する法人
　還付を受ける対象となる事業年度(所得が生じた事業年度→還付所得事業年度といいます)の確定申告から欠損事業年度の確定申告まで連続して青色申告書を提出していなければなりません。

還付所得事業年度	欠損事業年度	適用の可否
青色申告	青色申告	可能
白色申告	青色申告	不可
白色申告	白色申告	不可
青色申告	白色申告	不可

還付請求計算の概要

　欠損金の繰戻し還付の計算は、還付所得事業年度に納付した法人税額のうち、所得（儲け）に対応する法人税のみが還付されます。

　つまり、使途秘匿金に対する法人税や土地重課などにより納付したペナルティとしての法人税は、還付の対象にはなりません。そして、次の図のように、還付所得事業年度の所得金額と欠損事業年度の欠損金額に対応する法人税が還付の対象となります。

　206ページの事例にあった金額で還付請求額を概算計算すると、次のようになります。

$$\text{還付所得事業年度（第1期）の法人税額} \times \frac{\text{欠損事業年度（第2期）の欠損金額（分母の金額が上限）}}{\text{還付所得事業年度（第1期）の所得金額}}$$

$$90,000,000円 \times \frac{30,000,000円}{30,000,000円} = 90,000,000円$$

仮に第2期の欠損金額が20,000,000円であった場合には、次のようになります。

$$90,000,000円 \times \frac{20,000,000円}{30,000,000円} = 60,000,000円$$

そして④欄［当期控除額］に、欠損金の繰戻し還付に使用する当期の欠損金額（8,000,123円）を記載します。この金額は、前期の確定申告書に記載した別表1の①欄［所得金額又は欠損金額］の金額（次ページ参照）が上限となりますので、注意が必要です。

別表7(1)の③欄に記載した金額（10,000,456円）が④欄に記載した金額（8,000,123円）を超える場合には、その差額（2,000,333円＝10,000,456円－8,000,123円）を⑤欄［翌期繰越額］に記載します。この繰越金額は、欠損金の繰越控除額として、翌期以降の所得と通算することができます。

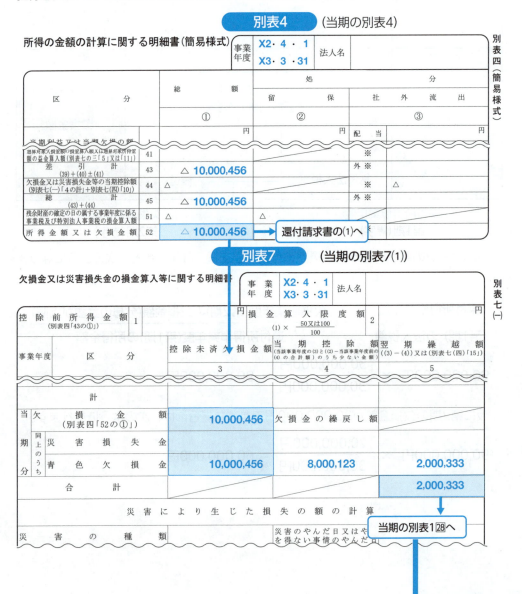

■ 欠損金の繰戻しによる還付請求書の書き方

欠損金の繰戻しによる還付請求書の記載に必要な資料は、当期の欠損金額と前期の別表1に記載した金額となります。

前期の別表1

別表一 各事業年度の所得に係る申告書－内国法人の分

令和 X2 年 5 月 23 日

令和 X1 年 4 月 1 日
令和 X2 年 3 月 31 日
事業年度分の法人税 確定 申告書
課税事業年度分の地方法人税 確定 申告書

項目	番号	金額
所得金額又は欠損金額（別表四「52の①」）	1	8,000,123
法人税額 (52)+(53)+(54)	2	1,200,000
法人税額の特別控除額（別表六（六）「5」）	3	
税額控除超過額相当額等の加算額	4	
土地譲渡税額 課税土地譲渡利益金額	5	000
同上に対する税額 (74)+(75)+(76)	6	
留保税額 課税留保金額（別表三（一）「4」）	7	
同上に対する税額（別表三（一）「8」）	8	
法人税額計 (2)-(3)+(4)+(6)+(8)	9	1,200,000
分配時調整外国税相当額及び外国関係会社等に係る控除対象所得税額等相当額の控除額	10	
仮装経理に基づく過大申告の更正に伴う控除法人税額	11	3,000
控除税額	12	
差引所得に対する法人税額 (9)-(10)-(11)-(12)	13	1,197,000
中間申告分の法人税額	14	00
差引確定法人税額	15	1,197,000

※「所得金額又は欠損金額」→ 還付請求書の(3)へ
※「法人税額計」「仮装経理に基づく過大申告の更正に伴う控除法人税額」等 → 還付請求書の(6)～(11)へ

欠損金の繰戻しによる還付請求書

欠損金の繰戻しによる還付請求書

※整理番号
※連結グループ整理番号

納税地	〒　　電話（　）　－
（フリガナ）法人名等	
法人番号	
（フリガナ）代表者氏名	
代表者住所	〒
事業種目	業

令和 X3年 5月26日

税務署長殿

所得税法等の一部を改正する…による改正前の法人税…いいます。）
第80条の規定に基づき下記のとおり欠損金の繰戻しによる法人税額の還付を請求します。

記

[欠損事業年度] 当期の事業年度
[還付所得事業年度] 前期の事業年度

欠損事業年度	自 平成・令和 X2年 4月 1日 至 平成・令和 X3年 3月31日	還付所得事業年度	自 平成・令和 X1年 4月 1日 至 平成・令和 X2年 3月31日

	区　　　　分		請求金額	※金額
欠損事業年度の欠損金額	欠　損　金　額	(1)	10,000,456	
	同上のうち還付所得事業年度に繰り戻す欠損金額	(2)	8,000,123	← いずれか少ない金額
還付所得事業年度の所得金額	所　得　金　額	(3)	8,000,123	
	既に欠損金の繰戻しを行った金額	(4)		
	差引所得金額（(3)-(4)）	(5)	8,000,123	
還付所得事業年度の法人税額	納付の確定した法人税額	(6)	1,197,000	← 前期の別表1より
	仮装経理に基づく過大申告の更正に伴う控除法人税額	(7)		
	控　除　税　額	(8)	3,000	
	使途秘匿金額に対する税額	(9)		
	課税土地譲渡利益金額に対する税額	(10)		
	リース特別控除取戻税額	(11)		
	法人税額（(6)+(7)+(8)-(9)-(10)-(11)）	(12)	1,200,000	
	既に欠損金の繰戻しにより還付を受けた法人税額	(13)		
	差引法人税額（(12)-(13)）	(14)	1,200,000	
還付金額（(14)×(2)／(5)）		(15)	1,200,000	
請求期限	令和 X3年 5月31日	確定申告書提出年月日	平成・令和 X2年 5月23日

還付を受けようとする金融機関等：
1 銀行等の預金口座に振込みを希望する場合
　○○銀行・金庫・組合・漁協・農協　○○本店・支店／出張所／本所・支所
　預金　口座番号 1234567
2 ゆうちょ銀行の貯金口座に振込みを希望する場合　貯金口座の記号番号　－
3 郵便局等の窓口での受け取りを希望する場合

$1,200,000 \times \dfrac{8,000,123}{8,000,123} = 1,200,000$

この請求が次の場合に該当するときは、次のものを添付してください。
1 期限後提出の場合、確定申告書をその提出期限までに提出することができなかった事情の詳細を記載した書類
2 令和2年旧法人税法第80条第4項の規定に基づくものである場合には、解散、事業の全部の譲渡等の事実発生年月日及びその事実の詳細を記載した書類
3 特定設備廃棄等欠損金額に係る請求である場合には、産業競争力強化法施行規則第20条第1項の証明に係る同条第2項の申請書の写し及び当該証明に係る証明書の写し

この記載も忘れないように注意する

還付所得事業年度の確定申告書の提出期限から1年以内

[確定申告書提出年月日] 前期の確定申告書の提出日

■ 別表1：各事業年度の所得に係る申告書

　還付請求書に記載した還付請求額（1,200,000円）は、別表1の㉓欄［欠損金の繰戻しによる還付請求税額］の「外」欄へ、所得税額等の還付金額、中間納付額の還付金額とは別に記載します。

　これは、確定申告書を提出した段階ではまだ税務署長による審査が終了していませんので、還付額が確定していないためです。

　還付請求後に修正申告をする場合で還付額が確定しているものについては、㉓欄に本書きします。㉘欄には繰越控除の場合と同様に、翌期へ繰り越される欠損金額の合計額を別表7(1)の⑤欄の合計額（2,000,333円）より転記します。

別表1

2 欠損金の繰越控除、繰戻し還付の書き方
―その後の事業年度の処理

| 使用する別表 | ▶ 別表7(1)・別表1・別表4 |

　前期から繰り越された欠損金（繰越控除の対象となった欠損金額）については、当期の所得から控除して法人税の負担を軽減することができます。

　この規定の適用を受けるためには、別表4、別表1、別表7(1)への記載が必要になります。

※なお、欠損金の繰戻し還付の適用を受けた、その後の事業年度において、法人税が
　還付されたときの別表の書き方は、96ページで説明しています。

欠損金の繰越控除

　前期以前において生じた欠損金額のうち繰越控除の対象となった金額は、当期の所得金額と通算することができます。当期の所得金額と通算する欠損金は、9年前より生じた欠損金額のうち、最も古いものから順次充てられます。

　なお、平成27年度改正により、平成29年4月1日以後に開始する事業年度において生じた欠損金額については10年間の繰越控除が認められます。

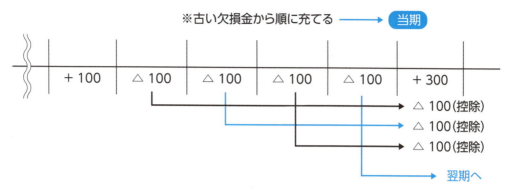

その後の事業年度は「青・白」問わない

　青色欠損金の繰越控除の規定は、欠損事業年度については青色申告書を提出している必要がありますが、その欠損金額を通算するその後の所得事業年度については、青色申告書を提出している必要はありません。

欠損事業年度	所得事業年度	適用の可否
青色申告	青色申告	可能
白色申告	青色申告	不可
白色申告	白色申告	不可
青色申告	白色申告	可能

当期の所得が繰越欠損金額よりも少ないケース（P218～P221）

■ **別表7(1)：欠損金又は災害損失金の損金算入に関する明細書**

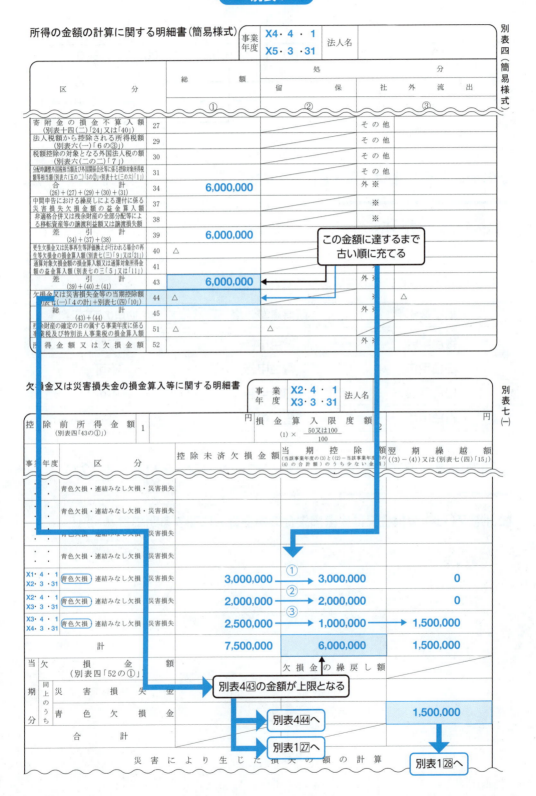

別表4

所得の金額の計算に関する明細書（簡易様式）

事業年度　X4・4・1　～　X5・3・31　　法人名

区　分		総　額	処　分		
			留保	社外流出	
		①	②	③	
当期利益又は当期欠損の額	1	円	円	配当	円
				その他	
加算	損金経理をした法人税及び地方法人税（附帯税を除く。）	2			
	損金経理をした道府県民税及び市町村民税	3			
	損金経理をした納税充当金	4			
	損金経理をした附帯税（利子を除く。）、加算金、延滞金（延納分を除く。）及び過怠税	5			その他
	減価償却の償却超過額	6			
	役員給与の損金不算入額	7			その他
	交際費等の損金不算入額	8			その他
	通算法人に係る加算額（別表四付表「5」）	9			外※
		10			

〜〜〜〜〜〜〜〜〜〜〜〜〜〜〜〜〜〜〜〜〜〜〜〜〜〜〜〜〜〜〜〜〜〜〜

減算	外国子会社から受ける剰余金の配当等の益金不算入額（別表八（二）「26」）	15			※
	受贈益の益金不算入額	16			※
	適格現物分配に係る益金不算入額	17			※
	法人税等の中間納付額及び過誤納に係る還付金額	18			
	所得税額等及び欠損金の繰戻しによる還付金額等	19			※
	通算法人に係る減算額（別表四付表「10」）	20			※
		21			
	小　計	22			外※
仮　計　(1)+(11)-(22)		23			外※
対象純支払利子等の損金不算入額（別表十七（二の二）「29」又は「34」）		24			その他
超過利子額の損金算入額（別表十七（二の三）「10」）		25	△		※ △
仮　計　((23)から(25)までの計)		26			外※
寄附金の損金不算入額（別表十四（二）「24」又は「40」）		27			その他
法人税額から控除される所得税額（別表六（一）「6の③」）		29			その他
税額控除の対象となる外国法人税の額（別表六（二の二）「7」）		30			その他
分配時調整外国税相当額及び外国関係会社等に係る控除対象所得税額等相当額（別表六（五の二）「5の②」+別表十七（三の六）「1」）		31			その他
合　計　(26)+(27)+(29)+(30)+(31)		34	**6,000,000**		外※
中間申告における繰戻しによる還付に係る災害損失欠損金額の益金算入額		37			※
非適格合併又は残余財産の全部分配等による移転資産等の譲渡利益額又は譲渡損失額		38			※
差　引　計　(34)+(37)+(38)		39	**6,000,000**		外※
更生欠損金又は民事再生等評価換えが行われる場合の再生等欠損金の損金算入額（別表七（三）「9」又は「21」）		40	△		※ △
通算対象欠損金額の損金算入額又は通算対象所得金額の益金算入額（別表七の三「5」又は「11」）		41			※
差　引　計　(39)+(40)+(41)		43	**6,000,000**		
欠損金又は災害損失金等の当期控除額（別表七（一）「4の計」+別表七（四）「10」）		44	△ **6,000,000**		※ △
総　計　(43)+(44)		45	**0**		外※
残余財産の確定の日の属する事業年度に係る事業税及び特別法人事業税の損金算入額		51	△	△	
所得金額又は欠損金額		52	**0**		

別表7(1)④[計]より

全額が通算されたため0円を記載する

別表1

[法人税申告書 別表一の様式]

事業年度分: 令和 X4 年 4 月 1 日
課税事業年度分: 令和 X5 年 3 月 31 日

主要記入欄:
- 9 法人税額計 (2)−(3)+(4)+(6)+(8): 0
- 5 課税土地譲渡利益金額: 000
- 7 課税留保金額: 000
- 27 (別表7(1)4[計]より): 6,000,000
- 28 翌期へ繰り越す欠損金又は災害損失金 (別表7(1)5[合計]より): 15,000,000
- 31 課税標準法人税額: 000
- 47 課税標準法人税額 (69): 000
- 39 差引地方法人税額: 00
- 40 中間申告分の地方法人税額: 00
- 41 差引確定地方法人税額: 00
- 26 この申告により納付すべき法人税額: 00
- 48 この申告により納付すべき地方法人税額: 00

220

■ **記載の順序**

別表4の44欄へ記載する金額(6,000,000円)は、次の順序で導き出します。法人税の申告書は、このような別表どうしのキャッチボールによって完成していくのです。

> 別表4の43欄［差引計］(6,000,000円)
> （上記6,000,000円が当期控除額の上限となる）

> 別表7(1)の4欄[当期控除額]
> （上記金額を上限に古い欠損金から充てていく）

> 別表4の44欄[欠損金又は災害損失金等の当期控除額]
> （別表7(1)で充てた欠損金の合計額が当期控除額となる）

当期の所得が繰越欠損金額よりも多いケース（P222〜P223）

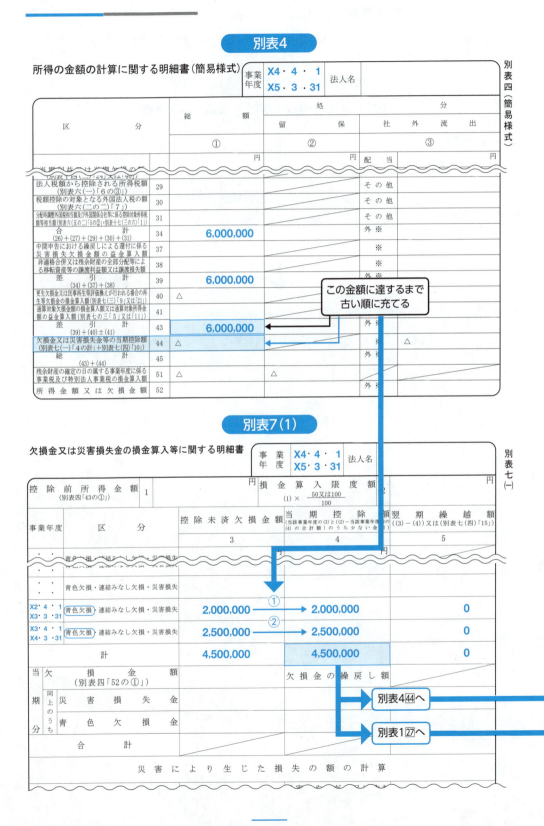

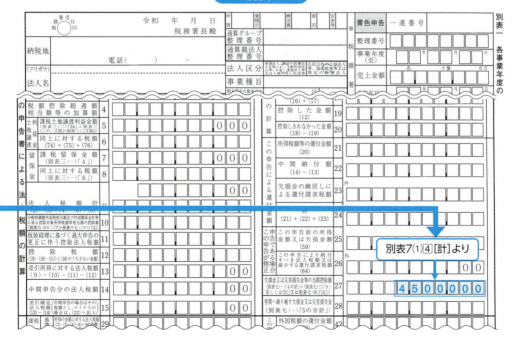

[参考資料]減価償却資産の耐用年数等に関する省令・別表第七〜別表第十(抜粋)

減価償却資産の償却率、改定償却率及び保証率の表

耐用年数	平成24年4月1日以後取得			平成19年4月1日以後取得				平成19年3月31日以前取得	
	200%定率法			定額法償却率	250%定率法			旧定額法償却率	旧定率法償却率
	償却率	改定償却率	保証率		償却率	改定償却率	保証率		
2	1.000	—	—	0.500	1.000	—	—	0.500	0.684
3	0.667	1.000	0.11089	0.334	0.833	1.000	0.02789	0.333	0.536
4	0.500	1.000	0.12499	0.250	0.625	1.000	0.05274	0.250	0.438
5	0.400	0.500	0.10800	0.200	0.500	1.000	0.06249	0.200	0.369
6	0.333	0.334	0.09911	0.167	0.417	0.500	0.05776	0.166	0.319
7	0.286	0.334	0.08680	0.143	0.357	0.500	0.05496	0.142	0.280
8	0.250	0.334	0.07909	0.125	0.313	0.334	0.05111	0.125	0.250
9	0.222	0.250	0.07126	0.112	0.278	0.334	0.04731	0.111	0.226
10	0.200	0.250	0.06552	0.100	0.250	0.334	0.04448	0.100	0.206
11	0.182	0.200	0.05992	0.091	0.227	0.250	0.04123	0.090	0.189
12	0.167	0.200	0.05566	0.084	0.208	0.250	0.03870	0.083	0.175
13	0.154	0.167	0.05180	0.077	0.192	0.200	0.03633	0.076	0.162
14	0.143	0.167	0.04854	0.072	0.179	0.200	0.03389	0.071	0.152
15	0.133	0.143	0.04565	0.067	0.167	0.200	0.03217	0.066	0.142
16	0.125	0.143	0.04294	0.063	0.156	0.167	0.03063	0.062	0.134
17	0.118	0.125	0.04038	0.059	0.147	0.167	0.02905	0.058	0.127
18	0.111	0.112	0.03884	0.056	0.139	0.143	0.02757	0.055	0.120
19	0.105	0.112	0.03693	0.053	0.132	0.143	0.02616	0.052	0.114
20	0.100	0.112	0.03486	0.050	0.125	0.143	0.02517	0.050	0.109
21	0.095	0.100	0.03335	0.048	0.119	0.125	0.02408	0.048	0.104
22	0.091	0.100	0.03182	0.046	0.114	0.125	0.02296	0.046	0.099
23	0.087	0.091	0.03052	0.044	0.109	0.112	0.02226	0.044	0.095
24	0.083	0.084	0.02969	0.042	0.104	0.112	0.02157	0.042	0.092
25	0.080	0.084	0.02841	0.040	0.100	0.112	0.02058	0.040	0.088
26	0.077	0.084	0.02716	0.039	0.096	0.100	0.01989	0.039	0.085
27	0.074	0.077	0.02624	0.038	0.093	0.110	0.01902	0.037	0.082
28	0.071	0.072	0.02568	0.036	0.089	0.091	0.01866	0.036	0.079
29	0.069	0.072	0.02463	0.035	0.086	0.091	0.01803	0.035	0.076
30	0.067	0.072	0.02366	0.034	0.083	0.084	0.01766	0.034	0.074
31	0.065	0.067	0.02286	0.033	0.081	0.084	0.01688	0.033	0.072
32	0.063	0.067	0.02216	0.032	0.078	0.084	0.01655	0.032	0.069
33	0.061	0.063	0.02161	0.031	0.076	0.077	0.01585	0.031	0.067
34	0.059	0.063	0.02097	0.030	0.074	0.077	0.01532	0.030	0.066
35	0.057	0.059	0.02051	0.029	0.071	0.072	0.01532	0.029	0.064
36	0.056	0.059	0.01974	0.028	0.069	0.072	0.01494	0.028	0.062
37	0.054	0.056	0.01950	0.028	0.068	0.072	0.01425	0.027	0.060
38	0.053	0.056	0.01882	0.027	0.066	0.067	0.01393	0.027	0.059
39	0.051	0.053	0.01860	0.026	0.064	0.067	0.01370	0.026	0.057
40	0.050	0.053	0.01791	0.025	0.063	0.067	0.01317	0.025	0.056
41	0.049	0.050	0.01741	0.025	0.061	0.063	0.01306	0.025	0.055
42	0.048	0.050	0.01694	0.024	0.060	0.063	0.01261	0.024	0.053
43	0.047	0.048	0.01664	0.024	0.058	0.059	0.01248	0.024	0.052
44	0.045	0.046	0.01664	0.023	0.057	0.059	0.01210	0.023	0.051
45	0.044	0.046	0.01634	0.023	0.056	0.059	0.01175	0.023	0.050
46	0.043	0.044	0.01601	0.022	0.054	0.056	0.01175	0.022	0.049
47	0.043	0.044	0.01532	0.022	0.053	0.056	0.01153	0.022	0.048
48	0.042	0.044	0.01496	0.021	0.052	0.053	0.01126	0.021	0.047
49	0.041	0.042	0.01475	0.021	0.051	0.053	0.01102	0.021	0.046
50	0.040	0.042	0.01440	0.020	0.050	0.053	0.01072	0.200	0.045

(注)耐用年数省令別表第七〜別表第十には、耐用年数100年までの計算が規定されています。

〈著者紹介〉

小谷 羊太（こたに ようた）

税理士。
昭和42年大阪市生まれ。
平成16年税理士試験合格。
平成17年小谷羊太税理士事務所開業。
平成30年税理士法人小谷会計設立。代表社員税理士。
奈良産業大学法学部卒業後、会計事務所勤務を経て大原簿記学校税理士課法人税法担当講師として税理士受験講座や申告実務講座の教鞭をとる。現在は東京と大阪を拠点に個人事業者や中小会社の税務顧問に加え、セミナー講師も務める。

- ●著　書：『法人税・所得税・消費税をうまく使いこなす法人成り・個人成りの実務』
　　　　　（清文社）
　　　　　『実務で使う　法人税の減価償却と耐用年数表』（清文社）
　　　　　『実務で使う　法人税の耐用年数の調べ方・選び方』（清文社）
　　　　　『実務で使う　法人税の優遇制度と有利選択』（清文社）
　　　　　『赤字と黒字をうまく使いこなす　法人税欠損事業年度の攻略法』（清文社）
　　　　　『法人税申告書の書き方がわかる本』（日本実業出版社）
　　　　　『法人税申告のための決算の組み方がわかる本』（日本実業出版社）
- ●共著書：『よくわかる株式会社のつくり方と運営』（成美堂出版）
- ●監　修：『はじめて課税事業者になる法人・個人のための
　　　　　　インボイス制度と消費税の実務』（森本耕平著、清文社）
- ●税理士法人小谷会計ホームページ　http://www.yotax.jp/
- ●Twitter：@yotaxjp

**Youtube[税理士 小谷羊太ｃｈ]にて
著書の解説動画や税のマメ知識動画を多数公開中！**

第2版　法人税申告書の『つながり』がよくわかる本

2023年2月20日　発行

著　者　　小谷　羊太 ©

発行者　　小泉　定裕

発行所　　株式会社　清文社

東京都文京区小石川1丁目3-25（小石川大国ビル）
〒112-0002　電話03(4332)1375　FAX03(4332)1376
大阪市北区天神橋2丁目北2-6（大和南森町ビル）
〒530-0041　電話06(6135)4050　FAX06(6135)4059
URL https://www.skattsei.co.jp/

印刷：大村印刷㈱

■著作権法により無断複写複製は禁止されています。落丁本・乱丁本はお取り替えします。
■本書の内容に関するお問い合わせは編集部までFAX(06-6135-4056)又はメール(edit-w@skattsei.co.jp)でお願いします。
■本書の追録情報等は、当社ホームページ（https://www.skattsei.co.jp）をご覧ください。

ISBN978-4-433-70843-6